Ida Lüthold-Minder

Siegeszug der Wunderbaren Medaille

„Die Strahlen
sind das Sinnbild der Gnaden,
welche jene erhalten,
die mich darum bitten."

Worte Mariens an Katharina Labouré

Ida Lüthold-Minder

Siegeszug der Wunderbaren Medaille

Herausgegeben von
Werner Durrer

MIRIAM-VERLAG

Nihil obstat: Jul. Desfossez, Libr. Censor
Imprimatur: Friburg/Schweiz, 18. Juni 1947
Ludovicus Waeber, Vicarius Generalis

9. Auflage 1999

Druck und Herstellung: Miriam-Verlag
Printed in Germany
ISBN 3-87449-099-8

INHALT

Vorwort

Mit Freude komme ich dem Wunsche der Autorin nach und veröffentliche dieses Buch. Ich bin überzeugt, daß es viel dazu beitragen wird, das Vertrauen auf die Mutter der Barmherzigkeit zu beleben.

Ich kenne die Bücher, denen alle Berichte entnommen sind. Diese Bücher wurden kritisch geschrieben, so daß kein Grund besteht, berechtigterweise an den angeführten Tatsachen zu zweifeln. Das Buch erscheint auf die Heiligsprechung der seligen Katharina Labouré, der begnadeten Vinzenzschwester, der sich Maria offenbarte und den Auftrag gab, die Wunderbare Medaille prägen zu lassen. Das Buch schildert das Leben der Schwester Labouré, die Erscheinung der Mutter Gottes, die Entstehung und den Triumphzug der Wunderbaren Medaille, die Gründung und unerwartete Ausbreitung der „Erzbruderschaft vom Unbefleckten Herzen Mariens“ für die Bekehrung der Sünder, und beweist anhand ergreifender Begebenheiten die Güte und Macht der barmherzigen Mutter.

Wir wissen um die Fürbittmacht Mariens. Wir wissen, daß sie die Zuflucht der Sünder und Trösterin der Betrübten ist. Wir wissen um ihre einzigartige Stellung im Heilsplane Gottes. Und doch tut ein solches Buch uns not. Nicht in der Sprache des Gelehrten, nicht im schwungvollen Stil des Dichters, sondern in der einfachen Sprache des Volkes will das Buch auch zum Volke reden. Es will nur Tatsachen berichten, schlicht und einfach. Aber aus diesen Tatsachen heraus leuchtet Liebe, spürt man Segen, faßt man Mut, erwacht das Vertrauen.

Viele haben das Manuskript gelesen, und alle waren überzeugt, daß die Veröffentlichung viel Gutes stiften werde.

Ich weihe das Buch selber der Mutter der Barmherzigkeit als Dank für soviel offensichtliche Hilfe und mit der Bitte, sie selbst möge es ringenden und gestrauchelten Menschen zukommen lassen, damit recht viele, von neuem Vertrauen beseelt, den Weg zu Gott wiederfinden.

Werner Durrer

Einleitung

Wir leben im Zeitalter Mariens. Seit sie aufgenommen wurde in den Himmel, ist kein Zeitraum durch ihr wunderbares Erscheinen auf Erden so geheiligt worden wie die Zeit seit dem Jahre 1830. Was hat sie alles ersonnen in ihrer Liebe?

Sie kommt 1830 vom Himmel herab in ein armes Kloster inmitten der Weltstadt Paris, um Schwester Labouré einen wunderbaren Auftrag zu geben. Sechzehn Jahre später sehen zwei Hirtenkinder sie weinen über das verirrte Frankreich und die arme Welt. – Das ungebildete, schwächliche Kind eines Taglöhners wird im Jahre 1858 in Lourdes Mariens Auserwählte und Künderin ihrer machtvollen Liebe. Und wieder sind es drei arme Kinder im Bergdörflein Fatima, welchen die allerseligste Jungfrau 1917 eine Welt-Botschaft anvertraut. Und wer kennt die Menschen alle, zu denen sie sich im verborgenen wendet und ihnen hilft? Sie erleben tagtäglich die wunderbare Sorge ihrer himmlischen Mutter.

Der Heilige Vater Pius XII. hat die Weltweihe an das heiligste und unbefleckte Herz Mariens vollzogen und so dem ausdrücklichen Wunsch der Mutter Gottes Folge geleistet, die zu den Kindern von Fatima sagte, nachdem diese die fürchterliche Höllenvision geschaut hatten:

„Ihr habt die Hölle gesehen, auf welche die armen Sünder zugehen. Um sie zu retten, will der Herr die Andacht zu meinem unbefleckten Herzen in der Welt einführen. Wenn man das tut, was ich euch sage, werden viele Seelen gerettet und der Friede wird kommen. Wenn man es nicht tut, wenn man nicht aufhört, den Herrn zu beleidigen, wird sich die göttliche Gerechtigkeit durch neue, noch schwerere Strafen offenbaren."

Wir haben diese Verheißungen zum Teil schon erfahren: „Krieg, Hungersnot, Verfolgungen der Kirche und des Heiligen Vaters", wie Maria vorausgesagt hatte, denn wir haben nicht aufgehört, den Herrn zu beleidigen.

Des weiteren sagte die Mutter Gottes: „Ich bin gekommen, damit man die Welt meinem unbefleckten Herzen weihe und die Sühnekommunion am ersten Samstag des Monats einführe. Wenn man meine Bitten erfüllt, wird die Geißel abgewendet oder gemildert werden." – „Am Ende wird mein unbeflecktes Herz triumphieren."

Einer der offensichtlichsten Beweise von Mariens Mutterliebe und ihrer barmherzigen Sorge um die Welt ist das Geschenk, das Maria uns Menschen mit der „Wunderbaren Medaille" machte. Es ist, als wollte die himmlische Mutter sich dieser Medaille bedienen, um der Welt die Unermeßlichkeit der Gnadenströme zuzuleiten, die aus ihrem unbefleckten Mutterherzen fließen. Durch diese Medaille geht sie gleichsam wie eine sorgsam wachende Mutter ihren Kindern nach. Durch diese „Wunderbare Medaille" kommt sie in die trübsten Verhältnisse, in die muffigsten Erdenwinkel. – Wohin immer sie aber kommt, wird es hell und warm. Wunder über Wunder geschehen, denn ihr Wort ist wahr geworden, seit sie ankündigte: „Alle, welche diese geweihte Medaille tragen, werden große Gnaden erlangen."

Jedermann, der um Ursprung, Siegeszug und wunderbare Auswirkung dieser Medaille – hauptsächlich durch die „Erzbruderschaft vom Unbefleckten Herzen Mariens" – weiß, muß mit unerschütterlichem Vertrauen auf die barmherzige Mutter erfüllt werden.

Zur Neuauflage 1990

160 Jahre sind vergangen, seit die Mutter Gottes der 1947 heiliggesprochenen Schwester Katharina Labouré den Auftrag für die Prägung der „Wunderbaren Medaille" gab. Millionen von Menschen haben seither durch die „Unbefleckt Empfangene" unaussprechliche Gnaden empfangen im Glauben an ihre Verheißung:

„Die Personen, welche sie tragen, werden große Gnaden erhalten. Die Gnaden werden überreich für jene sein, die Vertrauen haben."

Kommt, ihr Scharen, die ihr jene Verheißung erfahren durftet! Kommt, ihr Bekehrten! Kommt, ihr Geheilten! Kommt, ihr Kleinen und Armen, denen in allen menschlichen Nöten wunderbar geholfen wurde! Zieht vorbei an unserem geistigen Auge, um der barmherzigsten Mutter zu danken. Ihr tragt alle einen Strahl der Gnade an euch, aus jenen Strahlen, welche die Seherin von Mariens Händen ausgehen sah. Und diese Strahlen leuchten fort und fort und künden vom kommenden Triumph des Unbefleckten Herzens Mariens. – Ihr alle, kommt, dankt, gratuliert eurer Königin und Mutter zum Jubiläumsjahr 1990! Ihr alle, bittet für die ganze Menschheit, daß jene glückliche Zeit anbreche, von welcher der heilige Ludwig Maria Grignion sagt, „daß Maria die Herrin und Beherrscherin der Herzen sein wird, um sie dem Reich ihres Sohnes zu unterwerfen!"

Ida Lüthold-Minder

I. Entstehung der Wunderbaren Medaille

Die Jugend der auserwählten Katharina Labouré

„Den Kleinen wird es geoffenbart, was den Weisen dieser Welt verborgen bleibt." – Zoe Labouré, das frohe Kind einer einfachen Bauernfamilie in einem Dorf des Departementes Côte d'Or, ist eine dieser „Kleinen", welche die Vorsehung in ganz besonderer Weise auserwählt hat. Wohl hat die Mutter mit besonderem Wohlgefallen ihre Kleine betrachtet, wenn sie ihr schon sehr früh nachtrippelte durch Haus und Hof und mit ihren Händlein geschickt da und dort zugriff. Auch der Vater liebte seine Zoe sehr, ja, sie war unter der zehnköpfigen Kinderschar sein Liebling. Etwas Außergewöhnliches jedoch war an dem Kind nie zu sehen.

Als Zoe im Jahre 1814 acht Jahre alt war, traf sie das erste große Leid im Leben: Ihre Mutter starb. Als das Mädchen tieftraurig an der Bahre der toten Mutter stand, kam ihm der tröstliche Gedanke, daß es ja noch eine andere Mutter habe. Und mit dem glühenden Eifer des unschuldigen Kinderherzens wandte es sich an Maria und bat sie, von nun an seine Mutter zu sein. Das erbarmungsreichste Mutterherz Mariens hat sich dem Kinde zugeneigt, und Zoe wurde ein Liebling der allerseligsten Jungfrau.

Schon in diesem jungen Alter begann für das Mädchen der Ernst des Lebens. Es mußte mit seiner älteren und jüngeren Schwester zusammen mit einer Magd den großen Haushalt besorgen. Seine liebste Arbeit war das Füttern der Tauben. Zoes Vater besaß immerhin 700 bis 800 Stück, also eine ganz ansehnliche Zahl.

Mit zwölf Jahren kam für Zoe der ersehnte Tag der ersten heiligen Kommunion. Von dieser Stunde an vollzog sich in ihr eine innere Umwandlung und Reife. Sie wußte genau, daß sie dem Ruf des Herrn in ein Kloster folgen werde. Vorerst aber mußte Zoe viel arbeiten. Spiel und Ruhe waren ihr fremd. Da ihre ältere Schwester den Schleier bei den Töchtern des heiligen Vinzenz von Paul nahm, wurde die Last des großen Hauswesens auf die Schultern der jungen Zoe und ihres noch jüngeren Schwesterchens gelegt. Eines Tages vertraute sie der kleinen Schwester ihr Herzensgeheimnis an, daß auch sie ins Kloster wolle. Ab dieser Stunde waren beide ein Herz und eine Seele und schmiedeten zusammen in freier Zeit ihre Zukunftspläne.

Einmal hatte Zoe einen merkwürdigen Traum, den sie nie wieder vergaß. Sie sah sich in einer Kapelle. Ein ehrwürdiger Priestergreis zelebrierte das heilige Opfer, dem sie beiwohnte. Als sie auf dem Heimweg eine Kranke besuchte, stand der Priester wieder vor ihr. Sie wollte ihm entfliehen. Er aber sagte: „Meine Tochter, es ist gut, die Kranken zu pflegen. Jetzt fliehst du vor mir, aber eines Tages wirst du glücklich sein, zu mir kommen zu dürfen. Gott hat besondere Pläne mit dir, vergiß es nicht!"

Kurze Zeit darauf suchte Zoe ihre Schwägerin auf. Sie war Lehrerin in einem Pensionat. Diese führte Zoe zu den Schwestern von Châtillon. Kaum hatte sie das Sprechzimmer betreten, da heftete sie ihren Blick unverwandt auf ein Bild an der Wand. „Was ist das für ein Priester auf diesem Bild?" fragte sie scheinbar ruhig. Aber ihr Herz pochte laut, denn sie hatte in ihm den Priester aus ihrem Traum erkannt. „Das ist der heilige Vinzenz, der Patron dieses Hauses“, antwortete die Schwägerin. In diesem Augenblick fällt der Schleier vor Zoes Augen. Nun weiß sie, wohin Gott sie ruft.

Kurz danach steht sie vor dem Pfarrer von Châtillon und erzählt ihm ihr Erlebnis. Sie tut dies mit solcher Natürlichkeit, daß der Pfarrer ihr zur Antwort gibt: „Ich glaube, mein Kind, daß dieser Greis der heilige Vinzenz war, der dich zur Tochter haben will.“

Bei den Töchtern des heiligen Vinzenz

Zoe stand nun im achtzehnten Lebensjahr, als sie eines Tages fest entschlossen mit der Bitte vor ihren Vater trat: „Laß mich ziehen, Vater! Ich möchte Vinzenz-Schwester werden, um den Armen zu dienen.“ Bestürzt antwortete der Vater: „Das geht nicht, Zoe, du bleibst da. Denk doch, wie sollen wir es machen ohne dich, der ganze Hof, die Knechte und ich! Nein, nein!“

„Mein Schwesterchen will mich in all dem vertreten, Vater!“

„Sie ist zu jung und unerfahren!“

„Wenn ich heiraten würde, müßtest du mich auch entlassen.“

Düster schaut des Vaters Blick auf sie: „Das ist nicht dasselbe. Soll ich denn alle meine Töchter dem heiligen Vinzenz geben? Das fehlte noch!“

Zoe sieht ein, daß der Vater fürs erste unbesiegbar ist. Um so inniger wendet sie sich an ihre himmlischen Freunde.

Eine neue Prüfung wartet ihrer. Der Vater berichtet einem seiner Söhne, der in Paris eine Schenke hat, er werde ihm Zoe zu einem längeren Aufenthalt schicken. Das einfältige Mädchen, so denkt er, wird dann seine Klostergedanken im lustigen Leben und Treiben der Stadt schon verlieren. Doch er hat sich verrechnet. Je enger die Welt um Zoe ihre Bande ziehen will, um so klarer erkennt diese ihre Berufung. Je mehr der Schmutz sich ihr nähert, um so heller leuchtet ihre Reinheit. Das Mädchen ist fester entschlossen denn je, Vinzenz-Schwester zu werden.

In seiner Einsamkeit wendet es sich von neuem an die Schwägerin in Châtillon und beschreibt ihr seine Herzensnot, obwohl es kaum richtig schreiben kann. Die Schwägerin wagt es, Zoes Vater umzustimmen, so daß er endlich seine Einwilligung zum Eintritt in das Kloster gibt.

Glücklich wandert Zoe anfangs 1830 nach Châtillon, ihrem neuen Leben entgegen. Wehmut kennt sie kaum. Nur der Abschied vom Vater und der jüngeren Schwester geht ihr nahe. Auch die Tauben wird sie vermissen. Jedoch, was ist das im Vergleich zur Erfüllung ihres Herzenswunsches?

Am 21. April 1830 wird die Postulantin ins Mutterhaus an der Rue du Bac in Paris aufgenommen, wo sie für ihren neuen Beruf geschult werden soll. Von nun an trägt sie den Namen Schwester Katharina.

Bescheiden und still fügt sie sich den Vorschriften und Vorgesetzten. Ohne aufzufallen, geht sie ruhig ihren Weg, verrichtet die niedrigsten Arbeiten und ist immer gesammelt. Nichts Außergewöhnliches zeigt sich in ihrem Wesen, und doch gewinnt sie, ohne es zu wissen, alle Herzen.

Schwester Labouré, die schon von frühester Jugend an Selbständigkeit gewöhnt war, fällt das Gehorchen aber nicht immer leicht. In der ersten Zeit sieht man oft, wie eine innere Erregung das blasse Gesicht überflutet – nach und nach aber beherrscht sie sich soweit, daß man ihr kaum etwas anmerkt, wenn ihr ein Befehl schwer und unverständlich erscheint.

Die Vorsehung fügte es, daß Katharina mit Beginn ihres Klosterlebens viele Jahre hindurch demselben Seelenführer anvertraut war, der sie mit weiser Klugheit leitete, nämlich dem Missionspriester Johannes Maria Aladel. Er war der Mann, den Gott für eine so außergewöhnliche Aufgabe gebrauchen konnte, denn wirklich außergewöhnliche Dinge erfüllen bald das so einfache Leben des einstigen Landmädchens. – „Den Kleinen wird es geoffenbart!"

Das Außergewöhnlichste aber an allem in Katharinas Seelenleben ist ihr jahrelanges Schweigen. Nur Herr Aladel weiß von ihren inneren Erlebnissen, niemand sonst. Man spricht bald in Paris von den Erscheinungen der allerseligsten Jungfrau und kennt nicht einmal den Namen der Schwester, welche dieser erhabenen Gnaden gewürdigt ist. Ja, man weiß im Kloster selber nicht, welche von den Schwestern die Begnadete ist.

Schwester Labouré ist kaum im Mutterhaus eingetroffen, als sie schon einer außerordentlichen Vision gewürdigt wird. Man feiert in drei Tagen die Übertragung der Reliquien des heiligen Vinzenz. In der blumengeschmückten Kapelle kniet Katharina vor dem kleinen Schrein, welcher die teuren Überreste des geistlichen Vaters birgt. Auf ihn setzt sie sehr großes Vertrauen, seit sie erleben durfte, wie seine väterliche Liebe über ihrem Leben wacht. Auf einmal schaut sie über dem Reliquiar das weiß strahlende Herz des heiligen Vinzenz. Es bleibt in der Luft schwebend vor ihr, solange sie betet und um Gnaden fleht für sich, für die Klosterfamilie, für das zerrüttete Frankreich. Am nächsten Tag sieht sie es wieder, diesmal rot leuchtend als Sinnbild der Liebe. Am dritten Tag ist sie tief bestürzt, da es ihr ganz dunkelrot erscheint und sie von einer inneren Stimme zu vernehmen glaubt, diese Farbe bedeute Trauer, weil großes Unglück über Frankreich hereinbrechen werde (was dann auch durch den Sturz der Bourbonen geschah).

Um sich zu beruhigen, vertraut sie ihrem Beichtvater das Erlebnis an. Pater Aladel ermahnt sie, dem Geschauten keine Bedeutung zuzumessen. Sein wacher Geist aber beobachtet von jetzt an um so schärfer die kleine Schwester, die weiter voll Einfalt und Bescheidenheit ihrem Tagewerk nachgeht.

Erste Erscheinung Mariens

Ein Sommerabend in Paris im Jahre 1830: Lachend und spaßend wogt der Menschenstrom durch die Straßen, die Vergnügungsstätten füllen sich, die Welt treibt ihren tollen Tanz. Die Kirchen stehen leer, und kein Priester wagt es, sich in seinem Gewand zu zeigen. In den Schenken und dunklen Winkeln wird der Haß gegen jede Obrigkeit geschürt. In den vornehmen Häusern belächelt man jedermann, der noch eine religiöse Lebensauffassung hat, und die Gelehrten vergiften mit ihrem Rationalismus die studierende Jugend und das Volk. In Paris triumphiert Luzifer! Wo er aber seinen Sieg gesichert glaubt, da erscheint jene Frau, vor welcher er schon zitterte, als Gott die Worte sprach: „Die Frau wird dir den Kopf zertreten."

Im Mutterhaus der Barmherzigen Schwestern vom heiligen Vinzenz in der Rue du Bac hat das abendliche Stillschweigen begonnen. Die Schwestern ziehen sich nach beendeter Komplet aus der reichgeschmückten Kapelle zurück. Morgen, am 19. Juli, feiert man hier das Fest des geistlichen Vaters, des heiligen Vinzenz von Paul.

Bald ist es still im Kloster. Das Leben der Weltstadt macht halt vor den nüchternen Mauern der Armut, und nur wie aus weiter Ferne dringt ab und zu ein schriller Ton in die Abendstille dieser Friedensinsel. Schwester Labouré schließt den weißen Vorhang ihrer Zelle. Eine warme Sommernacht legt sich über die Erde.

Auf einmal wird Katharina aufgeweckt. Sie schaut um sich. „Es muß eine Täuschung sein", denkt sie und will wieder schlafen. „Schwester Labouré!"– Wieder hört sie eine liebliche Stimme ihren Namen rufen. Sie öffnet den Vorhang und sieht zu ihrem Erstaunen ein Kind von wunderbarer Schönheit vor sich stehen. Es lächelt ihr freundlich zu. Von der ganzen Gestalt gehen leuchtende Strahlen aus und erhellen den dunklen Schlafsaal. „Komm schnell in die Kapelle", sagt das Kind, „die seligste Jungfrau erwartet dich!"

Katharina aber denkt besorgt: „Ich werde die anderen stören und aufwecken, ich könnte entdeckt werden." Kaum hat sie dies erwogen, beruhigt das Kind sie mit den Worten: „Fürchte nichts, es ist bald zwölf Uhr. Alle schlafen, ich werde dich begleiten."

Nun kleidet sich Katharina rasch an und verläßt leise ihre Zelle. Das Kind erleuchtet ihr die dunklen Gänge, und zu ihrem Erstaunen sieht die Schwester, wie die Türen sich von selbst öffnen. In der Kapelle brennen alle Lichter. Der kleine Führer geht mit Katharina bis zum Kommuniongitter. Dort kniet sie nieder, während er den Chor betritt. Schwester Labouré kommen die Minuten wie Stunden vor.

Die Uhr schlägt zwölf. Plötzlich hört Katharina ein Geräusch wie das Rauschen eines Seidenkleides. Ihr Führer sagt: „Schau, die heilige Jungfrau. Hier ist sie!“ Sie erhebt nun ihre Augen und sieht eine wunderschöne Frau, die sich auf den Stuhl niederläßt, den gewöhnlich der geistliche Direktor der Schwestern einnimmt. Ihr Gewand ist von gelblich weißer Farbe. Der Schleier und die Haltung erinnern Katharina an das Bild von der heiligen Anna, das sich über dem Chor befindet, aber die Gesichtszüge sind anders.

Kaum erwacht im Herzen der Schwester ein leiser Zweifel, erhebt auch schon das Kind seine Stimme, und diesmal ertönt sie stark und männlich: „Ist es denn der Himmelskönigin nicht erlaubt, in jener Gestalt einer armen Sterblichen zu erscheinen, welche ihr selbst wohlgefällig ist?“

Katharina erschrickt. Mit einem Schlag weichen alle Zweifel, und ihr kindliches Herz drängt sie zu Maria hin. Sie kniet ihr zu Füßen, legt zutraulich ihre Hände in den Schoß der heiligsten Jungfrau, wie sie es einst der eigenen Mutter tat, und schaut ihr unverwandt in das wunderschöne, von unaussprechlicher Liebe vergeistigte Antlitz. Ein Strom von Wonne und Entzücken durchflutet die Nonne, so daß sie nach vielen Jahren noch gesteht, nie in ihrem Leben ein ähnliches Glück empfunden zu haben.

Sie hört die Gnadenvolle sprechen, wie eine Mutter zum eigenen Kinde spricht. „In Not und Sorge wende dich dorthin“, ermahnt Maria und deutet mit der Linken zum Altar, „von dorther kommen alle Tröstungen.“ Was Katharina der himmlischen Mutter anvertraut, läßt sich nicht in Worte fassen.

Nachdem die junge Schwester von dieser weisesten Mutter Belehrung und Trost empfangen hat, findet die Himmelskönigin das kleine Herz bereit, um ihm einen Auftrag anzukündigen. Mit unbeschreiblichem Blick sagt sie zu Katharina: „Mein Kind, ich will dir eine Aufgabe übertragen. Du wirst dabei manche Leiden ausstehen, sie aber durch den Gedanken überwinden, daß sie zur Verherrlichung Gottes gereichen. Man wird dir widersprechen, aber du wirst die nötige Gnade bekommen. Fürchte nichts! Sag alles, was mit dir vorgeht, mit Einfalt und Vertrauen! Du wirst gewisse Dinge sehen, du wirst in deinen Betrachtungen heilige Eingebungen haben. Gib jenem hierüber Rechenschaft, der dein Gewissen leitet.“

Katharina erinnert sich an die merkwürdige Vision vom Herzen des heiligen Vinzenz. Noch nie wurde ihr darüber vollständige Gewißheit, und der Beichtvater hatte ja nichts anderes gesagt als dies, sie möge sich das Geschaute aus dem Sinn schlagen. Hier aber, vor der Mutter Gottes, dem Sitz der Weisheit, vor der ohnehin ihr ganzes Herz offensteht, wagt sie kindlich die Bitte: „Mutter, erkläre mir die Dinge, welche mir gezeigt worden sind.“

Jetzt bewegt ein wehmütiger Ausdruck das wunderbare Antlitz der himmlischen Frau, und betrübt antwortet sie: „Mein Kind, die Zeiten sind sehr schlimm. Es werden Unglücksfälle über Frankreich kommen, der Thron wird gestürzt werden, die ganze Welt wird durch Drangsale aller Art in Verwirrung geraten. Aber komm an den Fuß dieses Altares. Da werden Gnaden allen zuteil werden, allen Großen und Kleinen, die darum flehen." – „Es wird ein Augenblick kommen, da die Gefahr groß sein wird. Man wird alles verloren glauben; da werde ich bei euch sein, habt Vertrauen! Ihr werdet meine Heimsuchung, den Schutz Gottes und jenen des heiligen Vinzenz über seinen beiden Familien (Kongregation der Missionare und Kongregation der Barmherzigen Schwestern) erkennen. Habt Vertrauen! Verliert nie den Mut, ich werde mit euch sein!"

Katharina sieht in den Augen der heiligsten Jungfrau Tränen glänzen, während sie fortfährt: „Es werden in anderen Ordensgemeinden Opfer fallen. Unter der Geistlichkeit von Paris wird es Opfer geben." Maria hält einen Augenblick inne. Reichlicher fließen ihre Tränen. Betrübt spricht sie weiter: „Mein Kind, das Kreuz wird verachtet werden. Man wird es zu Boden werfen. Die Seite des Herrn wird neuerdings geöffnet werden, die Straßen werden voll Blut sein, die ganze Welt wird in Trauer versenkt sein."

Die heiligste Jungfrau kann vor Schmerz nicht mehr weitersprechen. Unsägliche Wehmut breitet sich über ihre feinen Gesichtszüge. Dann gibt Maria Katharina einige Weisungen an ihren Beichtvater, die Leitung der Barmherzigen Schwestern betreffend, und kündigt ihr an, er werde eines Tages mit jenen Vollmachten ausgerüstet, welche zur Ausführung dieser Aufträge nötig seien.

Nochmals aber kommt Maria auf die kommenden Prüfungen zu sprechen: „Es werden große Trübsale kommen. Die Gefahr wird groß sein, aber fürchtet nichts, Gottes

Schutz ist hier allzeit in besonderer Weise, und der heilige Vinzenz wird euch beschützen. Ich selbst werde mit euch sein, mein Auge ist stets auf euch gerichtet. Ich werde euch viele Gnaden gewähren."

Katharina weiß nicht, wie lange sie vor Maria kniet, zeitlos ist die wunderbare Nacht, wo die Ewigkeit einbricht in ihr irdisches Leben. Die Himmelskönigin aber erhebt sich und entschwindet den Blicken der Seherin. Schwester Labouré steht langsam auf und erblickt nun wieder das Kind, ihren Engel, auf demselben Platz, wo er war, bevor die allerseligste Jungfrau mit Katharina gesprochen hatte.

„Sie ist fort", sagt er und begleitet die Schwester, wieder dieselbe Helligkeit ausstrahlend, durch die dunklen Gänge zurück in ihren Schlafsaal. Leise sucht Katharina ihre Zelle auf. Die Schwestern schlafen, niemand bemerkt sie. Irgendwo schlägt eine Glocke zwei Uhr. Mit wachen Augen und übervollem Herzen erwartet Schwester Labouré den Morgen. Sie möchte ihr Glück allen mitteilen, und doch verschließt sie es in scheuer Seligkeit. Einem darf sie es sagen, Maria wünscht dies ja selber, ihrem Seelenführer, Herrn Aladel.

Je heller es wird, um so banger fühlt Katharina ihr Herz schlagen. Der nüchterne Morgen erwacht, das schwere Alltagsleben beginnt von neuem. Sie war wie im Himmel, nun steht sie wieder wie verloren auf der Erde. Aber die Sehnsucht nach der himmlischen Mutter brennt wie ein Feuer in ihr, und die Gewißheit, sie wiederzusehen, kann ihr niemand rauben. Doch wird es ihr immer schwerer, je näher der Augenblick kommt, da sie ihr Erlebnis enthüllen soll.

Herr Aladel ist sehr streng. Die allerseligste Jungfrau hatte recht, als sie sagte: „Man wird dir widersprechen." Endlich steht sie demütig vor ihm, das Geheimnis erzählend. „Schwester Labouré, denken Sie nicht mehr daran. Ihre Einbildungskraft kann Sie getäuscht haben. Widersetzen Sie sich Ihren Fantasien!"

Das also sagt ihr der Beichtvater, dem allein sie sich anvertrauen kann? Und sie weiß doch, daß die allerseligste Jungfrau mit ihr gesprochen hat. Und sie würde diese Wahrheit mit dem Leben bezeugen! In ihrer bitteren Enttäuschung weiß sie nichts Besseres zu tun, als ihrer himmlischen Mutter alles zu klagen und dorthin zu eilen, wo ihr aller Trost versprochen war, vor den Tabernakel.

Eine schwere Zeit ist für Katharina angebrochen. Sie wagt es nicht mehr, von ihrem Geheimnis zu sprechen. Sie leidet, und niemand weiß es. – Niemand? Die himmlische Mutter wacht über der bevorzugten Schwester!

Zweite Erscheinung Mariens

Kurze Zeit darauf beginnen sich Mariens Worte schon teilweise zu erfüllen. Frankreich erleidet eine neue Erschütterung, der Königsthron wird gestürzt, Priester werden verfolgt und Kirchen geschlossen. Im Mutterhaus der Barmherzigen Schwestern spürt man hingegen nicht viel von der Aufregung, die alle Gemüter bewegt. – Schwester Labouré geht täglich ihrer Arbeit nach wie zuvor, schweigend, gesammelt, in sich gekehrt.

Das Kirchenjahr 1830 geht zu Ende. Am Samstag, dem 27. November, dem Vorabend vor dem 1. Adventssonntag, kniet Schwester Labouré in der Kapelle. Tiefes Stillschweigen ringsum. Es ist halb sechs Uhr, als Katharina plötzlich das feine Rauschen eines Seidenkleides zu hören glaubt. Eine süße Ahnung durchzuckt sie, und wie sie ihr Auge erhebt, sieht sie die allerseligste Jungfrau wieder vor sich, diesmal dicht neben dem Bild des heiligen Josef stehend. In ihrer ganzen königlichen und jungfräulichen Schönheit schaut sie lächelnd auf Katharina. Keine Tränen, keine Trauer umdüstern heute das Antlitz der herrlichen Frau. Ihr weißschimmerndes Kleid, wie von zarter Morgenröte angehaucht, fällt bis zu den Füßen nieder. Die Haare sind mit einem Schleier bedeckt. Sie steht auf einer Halbkugel und trägt in ihren Mutterhänden eine kleinere Kugel. Katharina sieht voll Entzücken, wie Maria immer schöner und verklärter wird, während sie dem Herrn die Kugel aufopfert.

Plötzlich aber schmücken sich ihre Finger mit Ringen voll wunderbarer Edelsteine, die eine unsagbare Helligkeit verbreiten. Katharinas Augen bleiben an den Händen der Himmelskönigin haften. Sie kann deutlich erkennen, daß jeder Finger mit drei Ringen geziert ist. Die Edelsteine, die so sonderbar leuchten, sind verschieden an Größe, Farbe und Glanz und senden auch, je nachdem, größere oder kleinere, hellere oder weniger helle Strahlen aus.

Katharina erzählte später selbst: „Ich vermag es nicht zu sagen, was ich empfand, noch auch, was ich alles in dieser kurzen Zeit erfuhr." – Wir ahnen, was sie damit ausdrücken will. Unsere menschliche Sprache reicht nicht aus, himmlische Dinge zu beschreiben. Wir haben keine Worte dafür, nur schwache Bilder, welche wie ein ganz schlechtes Porträt die Wirklichkeit wiedergeben. Wir sind mit unserer Sprache, welche an die Vorstellungen unseres Lebens anknüpft, einfach nicht fähig, die Dinge des übernatürlichen Lebens darzustellen. Darum Katharinas, wie auch jedes ähnlich Begnadeten, Ausruf: „Ich vermag es nicht zu sagen, was ich empfand."

Während sie nun die heiligste Jungfrau betrachtet, sagt ihr eine innere Stimme: „Diese Kugel, welche du siehst, stellt die ganze Welt dar, insbesondere Frankreich, aber auch jede einzelne Person." Maria aber spricht zu der erstaunten Schwester ihrer Auserwählung, welche unverwandt nach ihren Händen schaut: „Siehe hier, das Sinnbild der Gnaden, die ich über diejenigen ausgieße, die mich um dieselben bitten."

Während Schwester Labouré entzückt den Worten lauscht, die ihr auf einmal alles verständlich und begreiflich machen, wird ihre Erkenntnis tiefer und erhabener, als wenn sie die gelehrtesten Bücher studiert hätte. Jetzt sieht sie, wie sich um die heiligste Jungfrau aus Licht ein ovaler Rahmen bildet und mit Gold, reinerem als Sonnengold, vor ihren Augen folgende Inschrift im Halbkreis geschrieben wird:

„O Maria, ohne Sünde empfangen, bitte für uns, die wir zu Dir unsere Zuflucht nehmen!"

Eine Stimme befiehlt ihr: „Laß nach diesem Bild eine Medaille prägen! Die Personen, die sie tragen, werden große Gnaden erhalten. Die Gnaden werden überreich für jene sein, die Vertrauen haben."

Nun wendet sich das Bild vor den Augen der erstaunten Katharina, und sie sieht den Buchstaben M, von einem Kreuz überragt, das auf einem Querbalken ruht, darunter das Herz Jesu, von einer Dornenkrone umgeben, sowie das Herz Mariens mit einem Schwert durchstochen.

Dann ist alles wieder vorbei. Katharina kniet in der dunklen Kapelle, der Himmel hat sich wieder verschlossen, die Erdenschwere drückt um so mehr.

Zeit der Prüfung für Schwester Labouré

Schwester Labouré steht wieder vor Herrn Aladel, der seinen strengen Blick auf sie heftet. „Was ist Ihr Begehr, Schwester?"

„Ich habe die allerseligste Jungfrau wieder gesehen und muß Ihnen einen Auftrag ausrichten!"

„Also haben Sie sich die Sache nicht aus dem Kopf geschlagen, wie ich Ihnen doch befohlen habe?"

„Es war mir unmöglich, hochwürdiger Pater!"

Prüfend schaut Herr Aladel beständig auf die Novizin, die sich am liebsten gleich entfernt hätte. Sie muß ihm das Geheimnis anvertrauen – und er glaubt ihr nicht. Ihr Herz krampft sich zusammen bei seinem harten Wort: „Unmöglich ist nichts, wenn man genug Demut hat." Sie senkt den Blick nach unten: „Ich weiß es, hochwürdiger Pater, aber ich habe die allerseligste Jungfrau doch wieder gesehen und kann sie nicht vergessen." – „So erzählen Sie, was Sie zu sehen glaubten!"

„Glaubten" – dieses Wörtlein gibt ihr einen neuen Nadelstich. Sie weiß doch, was sie so gewiß und sicher gesehen hat. Unverwandt fühlt sie den scharfen Blick auf sich ruhen. Ihre Lippen beben leicht, während sie zu erzählen beginnt. Doch bald ist die Furcht gewichen, und ihr Gesicht wird verklärt, da sie Mariens Worte wiederholt.

Der Beichtvater hat Mühe, seinen strengen Gesichtsausdruck zu bewahren und seine innere Erregung zu verbergen. Trotzdem kommt nur das trockene Wort aus seinem Mund: „Hängen Sie sich nicht an solche Dinge. Sie könnten getäuscht werden. Suchen Sie sich alles aus dem Sinn zu schlagen!“

Katharina kämpft mit den Tränen. „Aber die Medaille?“ wagt sie einzuwenden. „Nach Fantasiegebilden prägt man nicht Medaillen!“ Herr Aladel schaut zur Seite, während er die harte Antwort erteilt. Schwester Labouré ist entlassen. Sie eilt in die Kapelle und weint, ihr Herz ist tief verwundet und gleicht in diesem Augenblick jenem ihrer himmlischen Mutter.

„Du wirst dabei manche Leiden ausstehen. – Man wird dir widersprechen“, hatte Maria bei ihrer ersten Erscheinung gesagt. Katharina erinnert sich jetzt daran. Es beginnt für sie ein inneres Leiden, welches doppelt schwer wird, weil sie es niemandem sagen kann und derjenige ihr nicht Glauben schenkt, dem sie sich anvertrauen muß. Die Vorsehung verhüllt ihr weise die Zukunft, damit sie durch ihr tägliches Flehen den Tau der Gnade auf das Werk herabziehe. In ihrer bitteren Einsamkeit ist Maria ihre einzige Vertraute.

Einige Zeit später fühlt sie in sich die Gewißheit, sie werde Maria von neuem schauen. Eine unsagbare Sehnsucht erfaßt ihr Herz und steigert sich zum brennenden Verlangen. Da, eines Abends in den Tagen vor Weihnachten, als Schwester Labouré wieder zur Betrachtung in der Kapelle kniet, hört sie das feine Geräusch des Seidenkleides, schaut auf und erblickt in himmlischer Schönheit die allerseligste Jungfrau, diesmal über dem Tabernakel schwebend. Wieder gehen von ihren Händen die sonderbaren Strahlen aus, wieder bilden sich über ihr im Halbkreis die Worte: *„O Maria, ohne Sünde empfangen, bitte* *für uns, die wir zu Dir unsere Zuflucht nehmen*", und wieder erhält Katharina den Befehl, eine Medaille nach diesem Muster prägen zu lassen. Und sie vernimmt noch einmal die Worte: „Diese Strahlen sind das Sinnbild der Gnaden, welche jene erhalten, die mich darum bitten!"

Nachdem Katharinas Herz in kindlicher Einfalt Worte der Liebe gestammelt, sagt Maria zu ihr: „Meine Tochter, von nun an wirst du mich nicht mehr sehen, aber du wirst meine Stimme hören in deinen Gebeten." Dann verschwindet sie wie ein Schatten und überläßt das auserwählte Kind den Eindrücken, welche ihr Erscheinen der Seele eingeprägt haben.

Von neuem wartet das Kreuz auf die Novizin. Noch geht sie, trunken von Liebe, durch das adventstille Kloster. In süßer Zwiesprache mit der himmlischen Mutter legt sie sich zur Ruhe nieder.

Der Morgen jedoch, grau und düster, legt sich wie Blei auf Katharina. Die Pflicht des Gehorsams führt sie wieder zu Herrn Aladel. Schweigend hört er ihren Bericht. Die arme Schwester fürchtet seinen Blick und sein Wort. Diesmal jedoch fragt er zu ihrem Erstaunen: „Haben Sie auf der Rückseite ebenfalls eine Umschrift gesehen?" Katharina verneint. „Gut", antwortet der Priester, „fragen Sie die seligste Jungfrau, ob eine Schrift dahin gesetzt werden soll!"

Ob der Beichtvater sie prüfen will? Ob er zu glauben beginnt? Demütig entfernt sich die Novizin. Nach langem inständigem Gebet glaubt sie eine innere Stimme zu vernehmen, die ihr offenbart: „Das M und die beiden Herzen sagen genug." Auch diese Antwort teilt Katharina Herrn

Aladel mit, wird aber zu ihrem Leid ohne jede Gewißheit entlassen.

Monate verstreichen, ohne daß der Wunsch der Himmelskönigin erfüllt wird. Die Noviziatszeit geht ihrem Ende zu. Der Kummer Katharinas wächst täglich. Ihre Lippen sind zum Schweigen verpflichtet, ihre Freiheit unter Gehorsam gestellt – ohnmächtig muß sie die Zeit verrinnen lassen, und man glaubt Maria und ihr nicht. Oft bäumt sich ihr Innerstes auf gegen diese Ungerechtigkeit, aber sogleich erinnert sie sich wieder an die Worte: „Mein Kind, du wirst manche Leiden ausstehen, sie aber durch den Gedanken überwinden, daß sie zur Verherrlichung Gottes gereichen." Und sie verdemütigt sich von neuem.

Die Medaille

In diesen Tagen, da Katharina besonders leidet im Bewußtsein, daß nichts geschieht, um Mariens Wunsch zu erfüllen, hört sie die Stimme, welche ihr wie damals das Innerste aufwühlt, der Mutter Stimme. Sanft beklagt sie sich, weil man nicht auf sie hören wolle. Schwester Labouré antwortet weinend: „Aber meine gute Mutter, Du siehst ja, daß er mir nicht glaubt!" Bitterer Schmerz erfüllt die arme Schwester, so daß Maria in unsäglicher Güte sie tröstet: „Sei ruhig! Es wird ein Tag kommen, wo er meinen Wunsch erfüllen wird. Er ist mein Diener und würde sich scheuen, mir zu mißfallen."

Kurz darauf erscheint Katharina bei dem gefürchteten Herrn Aladel und erzählt ihm ihr Erlebnis. Er sieht, daß es sie Mut und Überwindung kostet. Er ist gerührt wie noch nie. Die Novizin jedoch, welche mit niedergeschlagenen Augen vor ihm steht, hat es nicht bemerkt. Auch heute gibt er ihr keine Antwort, und sie verläßt das Gemach still und demütig. Kaum aber ist Herr Aladel allein, nimmt er den Kopf in beide Hände und sinnt nach. „Wenn Maria unzufrieden ist, so ist sie es nicht mit der jungen Schwester, welche in ihrer Stellung nichts zu tun vermag, sie ist es also mit mir."

Dieser Gedanke beschäftigt ihn sehr und läßt ihm keine Ruhe mehr. „Zu lange hab' ich gezweifelt und gewartet. Ich habe es gewagt, der Himmelskönigin zu trotzen." Wie Schuppen fällt es von seinen Augen. Nach langem Beten endlich steht er entschlossen auf mit dem Gedanken: „Ich will tun, was ich kann, um den Wunsch Mariens zu erfüllen!"

Sein Weg führt ihn zum Generalprokurator, Herrn Etienne. Diesem würdigen Oberen hat er schon einmal von den Erscheinungen erzählt, heute aber klagt er sich des Mangels an Eifer für die Ehre Mariens an. „Die Medaille muß geprägt werden! Ich kann nicht mehr daran zweifeln", ist Herrn Aladels bestimmtes Wort. „Woher kommt es, daß Sie auf einmal entschlossen sind, diesen Auftrag auszuführen? Sie zögerten doch lange, Sie wollten prüfen und bedenken – und mit Recht, denn Aufträge des Himmels sind gar selten." Fragend richtet der Generalprokurator seinen Blick auf Herrn Aladel.

„Ich will Ihnen sagen, wie das kam. Die Himmelskönigin hat sich bei der Seherin beklagt, weil man ihren Wunsch nicht erfülle. Dieser Vorwurf hat mich im Innersten getroffen, denn ich bin der einzige, dem er gilt. Ich kann nicht mehr zweifeln, ich muß handeln!" – „Dann müssen Sie die Angelegenheit unserm Erzbischof, Monseigneur de Quélen, vorbringen. Ich werde in den nächsten

Tagen bei ihm vorsprechen. Wollen Sie mich begleiten?" Sofort erklärt sich Herr Aladel dazu bereit.

Einige Tage nach diesem Gespräch, es ist Anfang des Jahres 1832, werden die beiden Priester im bischöflichen Palais empfangen. Wie ein Vater nimmt sie der überaus gütige und wohlwollende Erzbischof auf. Es fällt Herrn Aladel nicht schwer, sein Anliegen vorzubringen, da er gleich nach den ersten Worten herausfühlt, mit welcher Teilnahme der hohe Prälat ihm zuhört. Dessen edles Gesicht verklärt sich, als er die Worte Mariens aus dem Munde seines Untergebenen vernimmt – ist er doch selbst ein glühender Verehrer der allerseligsten Jungfrau.

Nachdem er jede Einzelheit der Erscheinungen genau erzählt hat, klagt ihm Herr Aladel den Kummer seines Herzens, weil er Maria durch die lange Verzögerung betrübt habe. Der Bischof erwidert ernst und gütig: „Mein Sohn, ich will Ihnen kein Hindernis in den Weg legen in der Ausführung des Auftrages. Ich finde hierin nichts, was dem Glauben zuwider wäre. Ich finde es ganz passend, daß die Medaille unverzüglich geprägt wird. Und ich möchte der erste sein, der sie verehrt."

Bald wird der Entwurf für die zu prägende Medaille gemacht: Maria auf der Erdkugel stehend, die Schlange unter ihren Füßen, von den Händen Strahlenbündel aussendend und im Halbkreis darüber die Worte: *„O Maria, ohne Sünde empfangen, bitte für uns, die wir zu Dir unsere Zuflucht nehmen."* Auf der Rückseite der Buchstabe M, vom Kreuz überragt, und darunter die Herzen Jesu und Mariens.

Infolge einer Cholera-Epidemie wurde die Fertigstellung verzögert. – Am 30. Juni 1832 erhält Herr Aladel die ersten Medaillen, von denen er eine der Schwester Labouré schenkt. Ein Freudenstrahl erhellt ihr Antlitz. Sie nimmt dieselbe voll Ehrfurcht an und küßt sie andächtig. „Jetzt muß man sie verbreiten“, sagt sie glücklich. Ihr großer Kummer ist gewichen. Sie weiß, daß das Wort Mariens sich nun zu erfüllen beginnt und der Gnadenstrom, den die seligste Jungfrau angekündigt hat, aus dem Mutterherzen strömen kann.

* * *

II. Siegeszug der Wunderbaren Medaille

Erstes Siegeszeichen der „Wunderbaren" Medaille

Nachdem Erzbischof de Quélen als erster die soeben geprägten Medaillen erhalten hat, will er sie erproben. Eine schwere Sorge bedrückt sein edles Herz: In seiner Nähe ringt der ehemalige Bischof von Mecheln, de Pradt, mit dem Tod. Nicht, daß er ihn am Leben erhalten möchte, nein, ein viel größeres Wunder verlangt er von der allerseligsten Jungfrau. Jener todkranke Prälat hatte das Unglück, vom wahren Glauben abzufallen. Seine Stunden sind nun gezählt.

Schon triumphiert die Hölle, schon brüsten sich die Gegner der Kirche und bereiten sich auf eine aufsehenerregende Bestattung vor. Ungläubige, Abgefallene, Philosophen des Rationalismus umgeben den sterbenden Apostaten, als Erzbischof de Quélen, bewaffnet mit der Wunderbaren Medaille, mit seinem Besuch aufwartet. In seinem Herzen ruft er jene an, „die der Schlange den Kopf zertreten hat" und immer wieder zertreten wird.

Gespannt wartet er, nachdem man ihn beim Kranken angemeldet hat. Ein entschiedenes „Nein!" desselben verriegelt dem so zärtlich besorgten Bischof Türe und Herz des Sterbenden. Wie ein Schwertstich trifft ihn dieses „Nein". Er drückt die Medaille an seine Brust und fleht: „Maria, ohne Sünde empfangen, Du mußt helfen, und zwar schnell."

Schon hält ihm ein Diener den Mantel hin, schon öffnet man das Portal. Schwereren Herzens als er gekommen, steigt er die Treppe hinunter, belächelt von den feindlichen Menschen. „Maria hilf, zeig' Deine Macht durch diese Medaille, wie Du versprochen hast!"

In seinem Palais angekommen, wirft er sich vor dem Bild der Unbefleckten auf die Knie. Unter Tränen beschwört er sie, die Seele des einst mit so hohen Gnaden beschenkten sterbenden Sünders zu retten. Er spürt einen gewaltigen Kampf zwischen Himmel und Hölle und fleht unaufhörlich die heiligste Jungfrau an, den Satan zu besiegen. Sie, die dem Erbfeind furchtbar erscheint, möge kommen und ihn zurückwerfen in die Finsternis.

Wie lange er gebetet, gerungen und gefleht hat, weiß er nicht. Ermüdet steht er auf und küßt demütig die Medaille. Kaum hat er sich erhoben, meldet man ihm, der sterbenskranke Prälat verlange nach ihm. Unverzüglich macht er sich erneut auf den Weg. Mit finsteren Blicken empfängt man ihn. Voll Vertrauen spürt er in sich die Gewißheit reifen, das große Wunder werde geschehen. Seine große Vaterliebe für die verirrte Seele zaubert alle Liebenswürdigkeit auf das edle Gesicht, als er dem Kranken herzlich die Hände reicht. Er fühlt im ersten Augenblick, daß jener erschüttert ist und seinen inneren Widerstand aufgegeben hat. Weinend bekennt der Abgefallene seine Schuld und widerruft seine großen Verirrungen. Voll Reueschmerz empfängt er die Sterbesakramente aus der Hand des Erzbischofs. Seine Kräfte nehmen ab. Mit letzter Anstrengung küßt er mehrmals die Wunderbare Medaille.

In der gleichen Nacht noch haucht er in den Armen seines Bischofs friedlich seine Seele aus. Heilige Freude erfüllt den treuen Hirten. Die heiligste Jungfrau hat das große Wunder gewirkt und ihre Aussage bestätigt, daß sie alle Gnaden schenken wolle, um welche man sie bittet. „Am Ende wird mein unbeflecktes Herz siegen!“

Wunderbare Verbreitung der Medaille

Nach diesem ersten Wunder, das durch die Medaille der Unbefleckten geschehen ist, beginnt diese ihren eigentlichen Siegeszug durch die Welt. „Jetzt muß man sie verbreiten“, hatte Katharina gesagt. Ihr Wort geht merkwürdig rasch in Erfüllung. Die ersten Spenderinnen der Wunderbaren Medaille sind die Barmherzigen Mitschwestern Katharinas. Sie legen dieses Geschenk des Himmels den Kranken auf, hängen die Medaille den Kindern um den Hals, schenken sie allen Bedrängten und Leidenden. – Der Erzbischof selber, der das erste Wunder erlebt hatte, verteilt die Medaille, wo er nur kann.

Vom Geiste Gottes erfüllte Priester erleben in ihren Pfarreien durch die Verbreitung der Wunderbaren Medaille sichtbaren Segen. Katharinas Beichtvater, Herr Aladel, erhält täglich Berichte von Bekehrungen, Heilungen, wunderbarer Hilfe, wo sonst niemand mehr helfen konnte. Von allen Seiten wird er mit Bitten bestürmt, Näheres bekanntzugeben über den Ursprung der Medaille. Er verfaßt eine Schrift über deren Entstehung und Gnadenwirkungen. In kürzester Zeit muß das Buch mehrmals neu aufgelegt werden.

Ans Märchenhafte grenzen die Zahlen der geprägten Medaillen, die aus den Registern der Firma Vachette in Paris zu ersehen sind. In zehn Jahren sind dort verkauft worden: 2 Millionen Medaillen in Silber oder Gold und 18 Millionen in Kupfer. Daneben haben elf andere Fabrikanten in Paris ebensoviele Medaillen verkauft, auch wurden in anderen Städten große Mengen hergestellt.

Die Unbefleckte siegt über den Feind Gottes

Aus den Berichten, die bald nach Verbreitung der Wunderbaren Medaille eingingen, seien hier einige wenige, gut beglaubigte erzählt.

Im Frühling 1833 wird in Alençon ein unheilbar kranker Soldat ins Krankenhaus eingeliefert. Bald nach seiner Ankunft bezeigt er den Barmherzigen Schwestern für ihre liebevolle Aufnahme statt Dank Grobheit über Grobheit. Er lästert Gott und Menschen und spottet über alles, was ihnen heilig ist. Beim Besuch des Hausgeistlichen zeigt sich sein furchtbarer Seelenzustand in erschreckender Art. Kaum, daß der freundliche Kaplan ihm ein Wort des Trostes sagen will, überschüttet ihn der Kranke mit Schmähungen.

In den folgenden Tagen kommt Monsieur Yver wieder an sein Bett, spricht aber kein Wort von Gott, erkundigt sich einzig nach den Leiden des Kranken. „Lassen Sie mich in Ruhe!“ ist die mürrische Antwort. Kummervoll verläßt ihn der Priester. Kummervoll pflegen ihn die Schwestern. Eines Abends, da der Hausgeistliche durch den Gang geht, hält ihn eine Schwester an und sagt besorgt: „Der fremde Soldat wird bald sterben. Seine Kräfte nehmen täglich ab. Was machen wir?“ – „Ich will es morgen nochmals bei ihm versuchen“, antwortet Kaplan Yver.

Der nächste Tag kommt. Nachdem der Priester Trost und Segen spendend von Bett zu Bett gegangen ist, steht er wieder vor dem armen Verirrten. Er redet ihm freundlich zu und weist ihn hin auf den barmherzigen Gott. „Ja freilich, der liebe Gott scheint sich gerade um mich zu kümmern", spottet der Kranke. Ungeachtet des bösen Tones fährt der edle Priester fort: „Ganz gewiß kümmert er sich um Sie. Sie müssen sich nur aufraffen und ihm einen kleinen Schritt entgegenkommen mit einer kleinen Bitte! Dann werden Sie erfahren, daß er sich um Sie kümmert."

„Ha, ha", lacht der Todkranke häßlich, und es ist, als ob er seine ganze Kraft zusammennehmen würde, um zu lästern. „Euer lieber Gott liebt die Franzosen nicht. Ihr sagt, er sei gut und er liebe mich! Unsinn! Wenn er mich liebte, würde er mich so leiden lassen? Hab' ich das verdient? Ich?" Mit innigem Ton und großer Liebe antwortet der Geistliche: „Denken Sie doch, was Er gelitten hat um unseretwillen! Es ist ja alles Liebe. Er will Sie retten. Ertragen Sie die Leiden als Buße, denn Sie haben sicher manches gefehlt im Leben!"

„Lassen Sie mich in Ruhe! Langweilen Sie mich nicht! Packen Sie sich fort von hier! Ich brauche weder Sie noch Ihre Predigten!" – Furchtbar glühen die Blicke des Hasses dem Priester entgegen. Ihn schaudert, denn hier ist Satan am Werk.

Traurig entfernt er sich, von den mitleidsvollen Blicken der anderen Kranken begleitet. Draußen wartet die Saalschwester auf ihn. „Es ist alles umsonst", sagt er tonlos zu ihr, „verdoppeln wir unsere Gebete und die Aufmerksamkeit für ihn. Ich glaube, es ist besser, wir erzählen ihm vorläufig nichts mehr von Gott."

Täglich verschlimmert sich der Zustand des Kranken. Wenn er seine Zunge noch gebraucht, so tut er es zum Lästern und Schmähen, so daß die übrigen Kranken im

Saal ihn öfters zurechtweisen. Die Saalschwester hat indessen eine Medaille der Unbefleckten am Fußende seines Bettes befestigt. Mit unbegrenztem Vertrauen verdoppelt man die Gebete zur allerseligsten Jungfrau für den gottlosen Menschen. „Alle Gnaden, um die man mich bittet, werde ich gewähren", hatte sie ja selbst gesagt.

Sechs Tage sind schon vergangen, ohne daß eine Änderung eingetreten wäre. Viele haben die Hoffnung auf eine Bekehrung aufgegeben. Nicht so die Saalschwester. In der Hauskapelle ist eine Segensandacht. Mehrere Kranke, die bereits das Bett verlassen können, wohnen ihr bei. Auf einmal fühlt die Schwester den Mut, an der verschlossenen Herzenstüre des harten Menschen nochmals anzupochen. Sie macht die Medaille los, hebt sie empor und sagt: „Betrachten Sie diese Medaille, sie ist wundertätig. Ich habe dieselbe vor einigen Tagen an Ihrem Bett befestigt und Sie unter den Schutz Mariens gestellt. Betrachten Sie diese gute Mutter, sie betet gewiß für Sie in diesem Augenblick!"

Die Schwester erwartet einen Zornesausbruch. Der Kranke aber schweigt und liegt mit geschlossenen Augen da. Die Schwester fährt fort: „Diese Mutter ist barmherzig. Sie nimmt jeden Sünder liebevoll auf und führt ihn zu Gott. Schauen Sie doch ihr Bild auf der Medaille an!" Der Kranke schlägt die Augen auf und starrt auf einen Punkt.

„Ich sehe Ihre Medaille nicht, aber eine Kerze sehe ich, die Sie wohl gerade angezündet haben. Ja, es ist ein Licht." Die Schwester staunt um so mehr, als eine Rückstrahlung der Sonne hier unmöglich ist. Sie selber sieht kein Licht, nur draußen vor den Fenstern die Sommersonne. Es ist der 13. Juni 1833 um 19 Uhr.

„Sie täuschen sich“, sagt sie dem Kranken, „schauen Sie doch gut!“ Er aber wiederholt, vollständig bei Sinnen und mit fester Stimme: „Aber ich sehe es doch ganz gut. Es ist gewiß ein Licht.“

Die Schwester, welche fürchtet, sein Augenlicht könnte geschwächt sein, zeigt ihm mehrere Gegenstände. Alle sieht er genau, aber immer behauptet er, ein Licht vor sich zu haben. Das dauert eine Viertelstunde. Wieder erzählt ihm die Schwester von der Liebe und Barmherzigkeit Gottes. Plötzlich glänzen Tränen in seinen Augen. Der häßliche Mensch sieht ganz verändert aus.

„Schwester“, sagt er und greift nach ihren Händen, „ich will in meinem jetzigen Zustand nicht sterben. Bitten Sie doch den Kaplan, daß er kommt und meine Beichte hört.“ Eine spöttische Bemerkung des Nebenanliegenden trifft ihn darauf. Er aber erwidert zum Erstaunen der anderen: „Bringen Sie den Lästerer zum Schweigen!“

Die Schwester läßt dem Hausgeistlichen Bericht zukommen. Freudig eilt dieser herbei und erkennt auf den ersten Blick, daß hier ein Wunder geschehen ist. „Ich wußte noch nicht“, berichtet er später, „von dem Ursprung und der Wirkung dieser Medaille. Ich kannte sie wohl, aber ich betrachtete sie als eine gewöhnliche Medaille.“

Der Kranke legt mit Hilfe des Priesters eine gute Beichte ab und verlangt aufrichtig nach der heiligen Kommunion, die er zuletzt als Kind empfangen hat. Um ihn zu prüfen, fragt der Kaplan: „Tun Sie dies alles nicht nur, um uns zu gefallen oder um den Bitten auszuweichen, die man seit langem an Sie richtete?“ – „Nein, ich will allen Ernstes vom Zustand der Sünde loskommen!“

Kein böses Wort kommt mehr über des Kranken Lippen. Er erträgt mit Geduld die schweren Leiden als Sühne für sein vergangenes Leben. Ruhe und Glück spiegeln sich auf seinem Antlitz. Der 27. Juni 1833 ist sein Sterbetag. Ruhig und dankbar grüßt er den Tod als Freund.

Maria, das Heil der Kranken

Heilung einer Mutter und eines Kindes

Unabsehbar ist die Zahl jener, die durch die Gottesmutter von unheilbaren Krankheiten gerettet worden sind. Hier möge als Beispiel ein Bericht aus dem Jahre 1834 von der Heilung der Frau Péron, Rue des Petites-Ecuries, Paris, folgen, welcher von neun Personen beglaubigt ist.

Die Familie Péron trägt seit acht Jahren ein schweres Kreuz. Die Mutter siecht dahin, von den Ärzten aufgegeben. Der Vater ist der Verzweiflung nahe. Sein karger Lohn reicht nicht aus, um die Kosten der Krankheit zu tragen. Zudem haben sie ein Töchterchen mit Namen Hortense, das bald das siebte Jahr vollendet und noch nicht sprechen kann. Über all dem tiefen Leid strahlt kein innerer Hoffnungsstern, weil die Familie religiösen Dingen gleichgültig gegenübersteht. Dumpf brüten sie dahin, ihr Leben kennt keine Freuden mehr, sie sind lebensmüde.

Doch auch für sie soll bald der Tag der Gnade kommen, der unerwartet Licht ins Dunkel bringt. Von einer Nachbarsfrau, welcher Pérons Elend nahegeht, wird eine Barmherzige Schwester aufgesucht und zu dieser Familie geschickt. Schwester Marie kommt, hilft und tröstet. Sie schickt einen Arzt, der Frau Péron nochmals untersucht, ihr aber ohne Umstände sagt, sie sei unheilbar lungenkrank und sollte in ein Krankenhaus gebracht werden.

Neuer Kummer, neue Tränen. Beim abermaligen Besuch der Schwester klagt ihr Frau Péron ihren Schmerz. Der guten Schwester Marie aber macht die kranke Seele der Frau mehr Kummer als ihr Leib. Mit großer Liebe und Schonung bittet sie die Kranke, einen Priester kommen zu lassen. „Ich werde beichten, sobald ich gesund bin", erwidert die Kranke, welche jahrelang nicht gebeichtet hatte. „Aber Sie werden eher gesund werden, wenn Sie die heiligen Sakramente empfangen", meint die Schwester. „Ich habe es nicht gern, in solchen Dingen gedrängt zu werden. Sobald ich geheilt bin, will ich beichten", antwortet Frau Péron mit Hartnäckigkeit.

Schwester Marie schweigt, wendet aber alle Sorgfalt und Liebe an, um der Kranken zu dienen. Immer wieder, wenn es ihr möglich ist, besucht sie dieselbe. Unterdessen aber verschlimmert sich das Übel.

Anfang Oktober, in der Nacht von Samstag auf Sonntag, wird der Körper der Kranken eiskalt. Der Vater, der an ihrem Bett steht und ihre Hand fühlt, erschrickt heftig, glaubt er doch, seine Frau sei gestorben. „Euphemia!" ruft er, und sein sechzehnjähriges Töchterlein eilt erschrocken herbei. „Deine Mutter ist tot." Euphemia weint laut auf. Eine Nachbarin eilt auf den Schmerzensschrei herbei, neigt sich zur Kranken nieder und legt ihr Ohr an deren Brust. „Das Herz schlägt ja noch", sagt sie. „Ich hole die Krankenschwester."

Am frühen Morgen eilt die Nachbarin zu Schwester Marie, die sofort den Arzt aufsucht. „Diese Frau ist verloren, sie hat zwei unheilbare Krankheiten", stellt der Arzt fest.

Unterdessen hat Frau Péron sich ein wenig erholt und kann wieder reden, jedoch lastet das Kreuz furchtbar schwer auf der Familie. Da erscheint Schwester Marie, tritt ans Bett der Kranken, ergreift ihre Hände und lächelt ihr zu. „Lieben Sie die seligste Jungfrau?" wagt sie zu fragen, denn jetzt muß ein Wunder geschehen, sonst ist alles verloren. „Ja, meine Schwester, ich hab' sie nie ganz vergessen", haucht die Kranke. „Wenn Sie die Jungfrau lieben, so kann ich Ihnen etwas geben, was Sie heilen könnte!" Und Schwester Marie zieht die Medaille der Unbefleckten hervor. „Nehmen Sie diese Medaille, haben Sie großes Vertrauen zur allerseligsten Jungfrau!"

Frau Péron richtet die müden Augen auf das Bild der gütigsten Mutter. Darauf küßt sie die Medaille, und eine merkwürdige Rührung zeigt sich auf dem verbitterten, leidvollen Gesicht. Voll Ehrfurcht spricht sie der Schwester die Worte nach: „O Maria, ohne Sünde empfangen, bitte für uns, die wir zu Dir unsere Zuflucht nehmen!"

Zum ersten Mal hofft die Kranke wieder. Am Bettende steht unbeweglich der Vater. Als Schwester Marie hinausgeht, sagt er zu seiner Frau mit zitternder Stimme: „Wir wollen unser ganzes Vertrauen auf die seligste Jungfrau setzen, wir werden alle für dich eine Novene beten!" – Eine Wärme geht durchs Krankenzimmer, neue Hoffnung, die Hoffnung auf jene, die gesagt hat: „Ich will euch alle Gnaden gewähren, um die ihr mich bitten werdet!"

„Euphemia, Hortense!" ruft der Vater, und die Kinder eilen herbei, in der Meinung, die Mutter sei am Sterben. – Was für erstaunte Augen machen sie jedoch, als der Vater, den sie doch nie beten gesehen haben, zu ihnen sagt: „Wir wollen zur seligsten Jungfrau beten, daß sie die Mutter heilt. Seht, auf dieser Medaille ist ihr Bild." Das Vaterunser und Ave Maria können alle außer Hortense, aber auch sie faltet die kleinen Hände. Sie beten es miteinander fünfmal, und die kranke Mutter fügt die Anrufung an die Unbefleckte bei. Ein besonderer Friede ruht heute über dem Haus.

Gegen Abend richtet sich die Mutter plötzlich im Bett ohne fremde Hilfe auf. „Sieh doch, Vater", jubelt Euphemia, „die Mutter ist schon kräftiger!" Mit neuem Vertrauen vereinigen sich alle am nächsten Tag wieder zum Gebet, und es scheint wirklich, daß das Glück bei ihnen nun einkehren wolle. Bald verlangt die kranke Mutter nach Speise. Mit Freuden bringt man ihr etwas.

Am Donnerstag morgen aber steht Frau Péron selber auf, holt ihre Kleider hervor und kleidet sich an. Und bevor der Vater und die Kinder sich erhoben haben, ist die Mutter zum Ausgang bereit. Vater Péron erschrickt sichtlich: „Was willst du? Und wie kommt es, daß du aufgestanden bist?" fragt er seine Frau. „Ich will zur Kirche, ich bin geheilt", antwortet sie fröhlich. Noch zweifelt der Vater und glaubt, die Frau könnte den Verstand verloren haben. „Schau nur, ich bin gesund", sagt sie nochmals, „die allerseligste Jungfrau hat mich geheilt." Trotz des ängstlichen Widerstands macht sie sich mutig auf den Weg.

Nicht weit stößt sie beinahe mit einer Schwester im Ordenskleid zusammen. Es ist Schwester Marie. Frau Péron erfaßt ihre Hände. „Wie!" ruft die gute Schwester voll Schrecken, „Sie sind es?" – „Ja, meine Schwester, ich bin es wirklich, ich gehe in die heilige Messe, ich bin geheilt!" – „Und wie kam es so schnell?" – „Durch die seligste Jungfrau! Ich gehe jetzt, um ihr zu danken!"

Das Wunder ist geschehen. Freude und Dank sind eingekehrt in die arme Familie. Die allerseligste Jungfrau aber macht ihre Sache nicht halb, sie heilt nicht nur den kranken Leib, sie wandelt auch die Seelen um. Vater, Mutter und Kinder wenden sich mit großer Innigkeit ihr zu und beginnen ein ganz neues Leben.

Die junge Euphemia, die durch das Wunder, das an ihrer Mutter geschehen ist, zutiefst aufgewühlt wurde, beginnt ein ganz gottgeweihtes Leben. Auch der Vater wird ein anderer. Mit großer Ehrfurcht trägt er nun die Wunderbare Medaille und spürt ihren Segen täglich. Die kleine Hortense aber, die auch alles miterlebte, kann ihre Freude wenig bekunden, weil sie seit ihrer Geburt nicht sprechen kann. Ihre verständigen Augen aber blicken oft voll unschuldiger Liebe auf das Bild Mariens.

Schwester Marie, die das Kind öfters voll Mitleid betrachtete, sagt eines Tages: „Wir wollen für Hortense eine Novene halten, damit sie sprechen lernt!" – „Wie, Hortense soll geheilt werden?" ruft Frau Péron, „Das ist unmöglich, das ist bei ihr ein Fehler von Geburt an!" Die Schwester aber fühlt sich gedrängt zu diesem Gebet. Sie hängt der Kleinen eine Medaille um den Hals, und alle beginnen ihr zuliebe eine Novene.

Täglich wohnen sie der heiligen Messe bei. An den ersten Tagen geschieht nichts Auffälliges. Am sechsten Tag aber, da sie miteinander die Kirche verlassen, redet Hortense ganz leicht und deutlich wie die anderen. Welche Freude und Rührung! Nachbarn und Bekannte kommen und reden mit dem Kind und überzeugen sich, daß sie es wirklich ist, dieselbe Hortense, deren Mund stets stumm war. „Wahrhaft ein Wunder!" sagen die Leute. Die Kleine zeigt allen glücklich lächelnd die Medaille und sagt: „Die seligste Jungfrau hat mich geheilt!"

Maria ist wahrhaft die Ursache unserer Freude. Sie will nicht züchtigen, sondern helfen; sie will nicht Bürden aufladen, sondern heilen und froh machen. Eine Mutter kann es nicht sehen, wenn ihre Kinder trauern.

Heilung einer gelähmten Klosterfrau

Schwester Hyacintha aus der Genossenschaft vom Kalvarienberg in Orléans erlitt am 14. Januar 1835 einen Schlaganfall, der ihre linke Seite völlig lähmte. Der Arzt kann keine Hilfe bringen. Die arme Schwester ergibt sich in den Willen Gottes.

Nach zwei Wochen, als ihre Oberin wiederum voll Mitleid am Krankenbett weilt, kommt dieser plötzlich der Gedanke, mit den Schwestern eine Novene zur unbefleckten Jungfrau zu halten. Voll Vertrauen willigt die Kranke ein. In ihrem Zimmer beten die Schwestern zur barmherzigen Mutter, die noch keines ihrer Kinder verließ.

Am vierten Tag der Novene verlangt die Kranke nach der heiligen Kommunion. Drei Personen tragen sie in die Kapelle, wo Schwester Hyacintha tief gesammelt den Leib des Herrn empfängt. Nach der heiligen Kommunion spürt sie so viel Kraft in ihrem gelähmten Bein, daß sie, gestützt von zwei Schwestern, selbst in das Krankenzimmer zurückgehen kann. Neues Vertrauen erfüllt die Klostergemeinde.

Am neunten Tag der Novene fühlt die Kranke plötzlich wieder Leben in ihrem Arm, und zwar zuerst einen stechenden Schmerz, dann Kälte und Hitze. Auf einmal ist die ganze Lähmung vollständig verschwunden. Mit erhobenen Armen und glückstrahlendem Gesicht geht Schwester Hyacintha auf die Oberin zu und ruft: „Ich bin geheilt!“ Sie geht und bewegt sich mit einer Leichtigkeit, als wäre sie niemals krank gewesen. Tränen der Freude und des Dankes sieht man in den Augen aller Anwesenden. Mit Erlaubnis des Bischofs wird in der Kapelle ein Dank-Gottesdienst gefeiert und das Te Deum gesungen.

Die Schwester Oberin schreibt in ihrem Bericht: „Dieses Wunder erweckte großes Aufsehen in der Stadt. Die im Hause beschäftigten Arbeiter, die es gleich erfuhren, verbreiteten die Kunde in ihrem Bekanntenkreis. Sie hatten abends zuvor unsere arme Kranke gesehen, wie sie ihr Bein nur mühsam nachschleppte und von zwei Personen mehr getragen wurde, als daß sie ging. Und am Morgen zeigte sich ihnen die gleiche Schwester vollkommen geheilt. Diese Leute, die gewöhnlich nicht viel für Religion übrig haben, priesen Gottes Wundermacht und baten mich um Medaillen. Ich gab sie allen mit großer Freude.“

Heilung eines todkranken Bildhauers

In der Familie des Bildhauers Baptist ist tiefes Leid eingekehrt. Wie ein Schatten geht die arme Frau im Haus umher. Die Kinder, die sonst soviel Leben und Frohsinn verbreiteten, sind scheu und still. Der Vater liegt todkrank im Zimmer. Zwei Ärzte haben ihn aufgegeben. Der arme Wassersüchtige ist so stark angeschwollen, daß er sich kaum bewegen und nur schwer atmen kann. Der Rücken und die beiden Ellbogen sind eine eiternde Wunde.

Eine Nachbarsfrau, die ihn besucht, erzählt ihm und seiner Frau von der Wunderbaren Medaille und schenkt ihm eine. Auch der Beichtvater weiß von dieser Medaille und beeilt sich, dem Kranken den gedruckten Bericht über die Wunder, die durch sie geschehen, zu bringen.

Baptist liegt da wie ein Sterbender. Seine Schwäche ist so groß, daß er nicht mehr sprechen kann. Der Priester segnet ihn, dann sagt er: „Vertraut auf die Mutter Gottes! Seht, wie sie den Ärmsten hilft", und legt den Bericht auf das Bett. Merkwürdig, der Kranke nimmt die Broschüre zur Hand und beginnt mit lauter Stimme zu lesen. Die Gattin und der Beichtvater schauen einander erstaunt an.

Es ist Abend geworden, ein kalter Winterabend. Noch immer liest der Kranke, und ein grenzenloses Vertrauen zu Maria erfaßt sein durch viele Leiden geläutertes Herz. Seine Frau, von all den Anstrengungen und dem Kummer ganz ermüdet, legt sich einen Augenblick nieder, um auszuruhen. Bald fällt sie in tiefen Schlaf. Die Kinder sind traurig zu Bett gegangen, stets gewärtig, die Nachricht vom Tode des Vaters könnte sie aufwecken.

Der Kranke betet zur allerseligsten Jungfrau, er allein wacht. Der arme Mann drückt die Wunderbare Medaille an sein Herz. Gegen 3 Uhr morgens schläft er ein. Es ist noch still und tiefe Nacht, da er seine Augen wieder aufschlägt. Er fühlt sich wohl, erhebt sich langsam, was er nicht mehr konnte. Es drängt ihn, aufzustehen. Wirklich, es geht! Er ist gesund! Seine Frau wacht auf und sieht ihn nicht mehr im Bett. Von heftigem Schrecken erfaßt, ruft sie: „Vater, wo bist du?" – „Ich bin gesund, die allerheiligste Junfgrau hat mich geheilt!“ antwortet erschüttert der Mann. Da sieht sie ihn knien, tränenüberströmt, die Wunderbare Medaille in den gefalteten Händen. Auch sie fällt auf die Knie, unfähig, das große Glück in Worte zu fassen.

Die Kinder haben den Ruf der Mutter gehört. Ganz im Glauben, der Vater sei jetzt am Sterben, strecken sie traurig und schlaftrunken ihre Köpfe zur Türe herein. – Was sehen sie? Vater und Mutter knien weinend vor dem Kreuz. „Kinder, die allerseligste Jungfrau hat den Vater gesund gemacht“, stammelt die Mutter.

Heilung einer seit zwanzig Jahren kranken Frau

Frau Elisabeth Lébon berichtet in einem Brief über die wunderbare Heilung nach zwanzig Jahren Krankheit folgendes:

Dijon, am 12. März 1835

Meine teure Freundin!

Sie möchten Näheres über meine Heilung wissen. Ich könnte mich kurzfassen und sagen: Ich habe zu Maria gefleht, und sie tat augenblicklich, um was ich bat. Ich will Ihnen aber die näheren Umstände genau berichten.

Sie wissen, daß ich seit zwanzig Jahren nicht gehen konnte infolge eines Abszesses im Unterleib, der mir bei jedem Schritt empfindliche Schmerzen verursachte. Ebenso ist Ihnen bekannt, daß sich seit fünfzehn Monaten infolge einer Influenza ein zweiter Abszeß gebildet hatte, der mein Leiden so vermehrte, daß ich fast immer zwischen Leben und Tod schwebte und mich in den Augenblicken, wo ich mich besser befand, nur mit Mühe von einem Zimmer zum andern schleppen konnte.

Seit Dezember aber war meine Schwäche so groß, daß man mein nahes Ende befürchtete. So weit war es mit mir gekommen, als mir von der Wunderbaren Medaille erzählt wurde und man mich aufforderte, mich um eine solche zu bemühen. Ich fand es verwegen, die Heilung einer von den Ärzten als unheilbar erklärten Krankheit zu erbitten, so daß ich mich einige Zeit nicht dazu entschließen konnte.

Endlich dachte ich, daß Gott desto mehr verherrlicht würde, je unverhoffter eine Heilung wäre, und daß er andererseits schon sehr große Wunder an jenen gewirkt hatte, die es am wenigsten verdienten. So fragte ich meinen Beichtvater, und er riet mir, eine Novene in diesem Sinne zu beten.

Am 2. Februar, dem Fest Maria Lichtmeß, begann ich die Novene. Ich weihte meine Tochter in mein Vorhaben ein und ließ mich in einem Wagen zur Kirche bringen. Erstere führte mich zum Altar der seligsten Jungfrau, wo ich, so gut es meine Schwäche erlaubte, der heiligen Messe beiwohnte und die heilige Kommunion empfing. Kaum hatte ich kniend einen Akt der Danksagung gemacht, als ich mich genötigt sah, mich zu setzen.

Die Barmherzige Schwester, die ohne mein Wissen hier war, legte mir nun die Wunderbare Medaille um den Hals. Sofort kniete ich mich wieder hin, um die „Mutter der Betrübten“ zu bitten, mir bei ihrem göttlichen Sohne die Gesundheit zu erflehen, falls es zu Gottes und ihrer Ehre, zu meinem Heile und zum Wohle meines Mannes und meiner Kinder gereichen würde.

Kaum hatte ich diese wenigen Worte gesprochen und den Herrn gebeten, die Fürbitte seiner heiligsten Mutter zu erhören, so hatte auch Maria schon gebeten, und Gott in seiner großen Barmherzigkeit hatte ihre Bitte gewährt. Ich war geheilt, vollständig geheilt!

Ich beendete alle Gebete nach der heiligen Kommunion, die Novenengebete sogar kniend und ohne Beschwerden. Meine Schmerzen waren verschwunden, und ich habe sie seither nie mehr gespürt. Ich ging ohne Hilfe bis zur Kirchentüre, schickte den Wagen fort und kehrte zu Fuß nach Hause zurück.

Es wäre mir unmöglich, die Gefühle zu beschreiben, die ich auf dem Heimweg empfand. Geheilt in einem Augenblick! Ich war fast außer mir. Es kam mir wie ein Traum vor, ich konnte es selber fast nicht glauben. Das Staunen meines Mannes, meiner Mutter, meiner Kinder und der Dienstleute war so groß, daß sie ausriefen: „An Ihnen ist wahrhaft ein Wunder geschehen!“ Das überzeugte mich nun, daß ich wach und daß alles wirklich wahr war.

Seit dieser Zeit kann ich gehen wie alle anderen. Kaum war die Novene, die ein fortwährendes Dankgebet wurde, beendet, machte ich Gänge durch die ganze Stadt.

Sie sehen, daß das Wunder in der augenfälligsten Weise stattgefunden hat! Danken Sie mit mir Gott und Maria, seiner erhabenen Mutter!

Maria, die wunderbare Mutter

Mariens mütterliche Sorge um die kleinen Kinder hat sich unzählige Male gezeigt. Folgende Begebenheit möge hier als Beispiel dienen:

Zu Paris, in der Straße Montfessard Nr. 70 wohnt im zweiten Stockwerk die Familie Rémond. Das Bild Mariens ziert ihre Wohnung. Seit dem Hirtenschreiben des

Erzbischofs de Quélen über die unbefleckte Jungfrau und die Wunderbare Medaille tragen Vater, Mutter und Kind diese stets bei sich.

Es ist ein milder Frühlingstag. Frau Rémond steht am offenen Fenster und läßt ihren 22 Monate alten Liebling auf der Fensterbrüstung sitzen und die Straße hinunterschauen. Fröhlich lacht das Kind und ruft nach den unter ihm vorübergehenden Menschen. Plötzlich umnachtet ein Ohnmachtsanfall die junge Frau. Bewußtlos sinkt sie rückwärts ins Zimmer, das Kind aber entgleitet ihr und fällt hinunter auf die harte Straße.

Voll Schrecken heben die Vorübergehenden das kleine Kind auf und wagen es kaum zu berühren in der Annahme, seine Glieder seien gebrochen. Doch zum großen Staunen der Leute lacht das Kind, stellt sich auf die Beinchen und zeigt nicht im geringsten eine Spur von seinem Sturz. Lediglich am Knie hat es eine unbedeutende Verletzung. Man staunt. „Ein Wunder" flüstert jemand. Das kleine Kind aber spielt wie zur Antwort mit der Medaille an seinem Hals und drückt einen festen Kuß darauf. Den Anwesenden stehen Tränen in den Augen.

Frau Rémond aber findet man noch immer bewußtlos im Zimmer. Ärzte werden gerufen, weil man um die gute Frau, die vor einer zweiten Geburt steht, bangt. Doch auch sie erleidet keinen weiteren Schaden. Ihr Kind wird von den Ärzten noch genau untersucht, die gestehen, daß hier ein Wunder geschehen sei, denn beim gewöhnlichen Gang der Dinge wäre das kleine Kind durch den Sturz auf das harte Pflaster auf jeden Fall zerschmettert worden.

Eines Tages macht sich Herr Rémond mit dem Kind auf den Weg nach der Rue du Bac, besuchte das kleine Heiligtum, wo Maria einst erschienen ist, und stellt seinen geretteten Liebling Herrn Aladel vor. Das Kind lächelt glücklich und küßt auch jetzt wieder die Medaille der Himmelsmutter.

* * *

III. Maria, die Mutter der Barmherzigkeit

Ein Auserwählter Mariens: Dufriche Desgenettes

In ganz Frankreich und weit über die Grenzen hinaus hat sich die Kunde von der Medaille der Unbefleckten verbreitet, und überall nennt man die Medaille nach kurzer Zeit die Wunderbare Medaille. Unzähligen ist durch sie in leiblichen und geistigen Anliegen Hilfe zuteil geworden.

Bis 1836 aber sind die Verehrer der Unbefleckten vereinzelt geblieben, kein Band verbindet sie untereinander, kein Mittelpunkt ist vorhanden, wo sie sich finden können. Das Werk muß vollendet werden, soll es nicht in kurzer Zeit wieder vergessen sein.

Mariens Weisheit und Liebe, die sich so reich über ihre Kinder ergossen hat, erwählt im Jahre 1836 den Mann, welcher der Verehrung ihres unbefleckten Mutterherzens eine feste Ordnung und bestimmte Übungen geben soll. Es ist der heiligmäßige Priester Dufriche Desgenettes, Pfarrer an der Kirche Notre-Dame des Victoires zu Paris, welcher der Gründer der „Erzbruderschaft vom Unbefleckten Herzen Mariens“ wird.

Hat Maria ihren Auftrag zur Prägung der Medaille an eine ganz einfache, arme Klosterfrau gerichtet, so wendet sie sich jetzt mit der schweren Aufgabe an einen überaus fähigen, gebildeten, in jeder Beziehung hochstehenden Menschen. Katharina Labouré darf verborgen bleiben, der Pfarrer Desgenettes aber muß hervortreten in einer ganz verdorbenen, ungläubigen Welt, wo ihm tausend Widersprüche begegnen.

Zur Zeit, da Katharina Labouré von der Himmelskönigin ihre Aufträge erhält, ist Desgenettes Pfarrer an der Kirche des heiligen Franz Xaver von der Fremdenmission, also Vorgesetzter und Mitbruder von Herrn Aladel, Katharinas Beichtvater. Ihm untersteht nebst anderen Anstalten auch das Mutterhaus der Vinzenz-Schwestern.

Ob er Katharina gekannt hat, die bescheidene, stille Novizin? Oder hat die Vorsehung es gefügt, daß sich diese beiden Auserwählten erst im Himmel kennenlernen durften? Wir wissen es nicht. Auf jeden Fall ist Pfarrer Desgenettes einer der ersten, der mit glühendem Eifer für die Verbreitung der Wunderbaren Medaille sorgt und der, sooft er kann, in der kleinen Kapelle der Vinzenz-Schwestern kniet und betet.

Schwere Sorgen lasten auf dem etwa Fünfzigjährigen. Paris ist wirklich ein Babylon. Die Vornehmen genießen das Leben in vollen Zügen, die Gelehrten spotten der Kirche, der Rationalismus, der nur an das glaubt, was man mit Händen greifen kann, macht sich in allen Volksschichten breit. Dazu schürt man beständig den Haß im Proletariat. Der Priester darf kaum als solcher durch die Straßen gehen, ohne Gefahr zu laufen, angegriffen zu werden.

Pfarrer Desgenettes, schon früher an Verfolgung und Verachtung gewöhnt, als er in der Provinz da und dort wirkte, schmerzt nicht diese Tatsache am meisten. Sein glühendes Priesterherz leidet so sehr darunter, daß das Volk betrogen, belogen, der Kirche fremd gemacht wird und ins Verderben rennt. Wie vielen geht er mit Güte und Hingabe nach, schenkt ihnen, was er kann. Er kennt die dunklen Winkel der Armen, die muffigen Gassen, wo die Kinder ohne Sonnenstrahl aufwachsen. Er kennt aber auch die Paläste, wo Überfluß und Genußsucht sich breitmachen.

Sein Eifer baut für Waisenkinder das „Haus der göttlichen Vorsehung", wo 300 arme Geschöpflein von Vinzenz-Schwestern gepflegt werden können.

Pfarrer Desgenettes wird geehrt und anerkannt vom Pariser Klerus, ja selbst vom Erzbischof, der ihn wie einen Sohn liebt. Und als er Paris 1830 verläßt, um sich an den Genfer See zurückzuziehen, klagt der hochverehrte Bischof de Quélen: „Er hätte uns nicht verlassen sollen!"

Zwei Gnadenjahre in der Stille bereiten den Mann auf seine neue, große Aufgabe vor. Als ihn 1832 die Nachricht von der furchtbaren Cholera-Epidemie, welche in Paris wütet, erreicht, verläßt er sein friedliches Paradies, um heimzueilen zu den Kranken und Sterbenden, heim zu der Aufgabe, die Maria für ihn bestimmt hat. Diese neue Aufgabe ist vorerst schwer und hart. Desgenettes' Schultern aber sind stark genug, das Kreuz zu tragen, das die Vorsehung ihm auferlegen will.

Er wird Pfarrer an der Kirche Notre-Dame des Victoires. Was das im Jahre 1832 bedeutet, davon können wir uns heute nur schwer einen Begriff machen. Die Kirche ist einsam und verlassen. Ihre Priester sind umsonst da. Die Glocken rufen vergeblich zum Gottesdienst, das Heiligtum bleibt leer. Mit tränenschwerem Herzen übernimmt Pfarrer Desgenettes diese Pfarrei, hofft und betet und opfert sich. Wo bleibt der Erfolg? Die Kranken sterben ohne die Sakramente. Man läßt ihn erst zu ihnen, wenn sie das Bewußtsein verloren haben, damit sie ihn nicht mehr erkennen. Aller Glaube ist geschwunden. Im besten Fall belächelt man den guten Herrn.

Es kommt aber auch vor, daß er ernstlich bedroht wird. Und die Kinder, die Desgenettes' väterliches Herz besonders liebt, hält man vom Pfarrer fern; sie wachsen als moderne Heiden ohne jeden Unterricht in der Religion auf. Der SonntagsGottesdienst wird höchstens von 60 bis 70 Personen besucht, an Ostern und Weihnachten sind es vielleicht 300 bis 400. Beichte und Kommunion sind ganz vergessene Dinge.

Nach vier Jahren harten Ringens steht die Sache um nichts besser. Einsam ist der Pfarrer – einsam steht das Gnadenbild der „Madonna vom Sieg“ in der menschenleeren Kirche. Und bitter gesteht sich Desgenettes: „Ich kann nichts erreichen. Man läßt mich verstehen, daß meine Aufgabe darin besteht, mich immer zurückzuziehen.“

Dagegen bäumt sich sein Inneres auf. Er, ein Mann auf dem Höhepunkt des Lebens, gereift an vielen Erfahrungen, wohl geschult an Geist und Herz, ein Mann mit liebenswürdigem Äußeren, ganz dafür geschaffen, die Menschen zu Gott zu führen, soll sich zurückziehen, die Hände in den Schoß legen und dem Höllentanz der Welt zuschauen? Die bittersten Stunden seines Lebens sind für ihn angebrochen – es ist Karfreitag – alles scheint verloren.

Das Leid des Pfarrers Desgenettes steigert sich immer mehr zur beinahe unerträglichen Qual, weil er alle seine Hoffnungen in bittere Enttäuschungen sich verwandeln sieht. Wer kann die Traurigkeit dieses edlen Priesters ermessen, wenn er es erleben muß, daß in der dämmerigen Stille des Heiligtums Menschen sich verbergen, um miteinander zu sündigen? Und vorn ist doch der Allerreinste im Tabernakel ... und das Bild der Allerreinsten strahlt seine Gnaden aus. Wie nahe sind Himmel und Hölle oft beieinander!

Das wundersame Erlebnis des Priesters

Es ist der 3. Dezember 1836. – Die Kirche feiert das Fest des heiligen Franz Xaver, des Patrons der Heidenmissionen. Wehmütig begibt sich Pfarrer Desgenettes in die Sakristei. Kalte Nebel umstreichen das Heiligtum. Den Pfarrer fröstelt es bis ins Innerste. Ach, wie einsam ist es an diesem Adventmorgen!

Mit Macht umfängt ihn die Erinnerung an die Tage, da er mit lieben Mitbrüdern wirken durfte an der Kirche der Fremdenmission vom heiligen Franz Xaver. Und damals war es auch, als er von seinem Freund Aladel die wundersame Botschaft von Mariens Erscheinen in der Kapelle der Barmherzigen Schwestern vom heiligen Vinzenz vernehmen durfte. Er, Desgenettes, hatte sich soviel versprochen von diesem Ereignis – er glaubte, eine Gnadenzeit sei angebrochen, und jetzt?

Er betritt die Kirche, kniet nieder vor dem Altar Mariens, den er selber ihrem unbefleckten Herzen geweiht hat, und versucht zu beten. Aber eine solche Niedergeschlagenheit hat den Priester erfaßt, daß er dazu nicht imstande ist. Seine Tränen flehen mehr als Worte. Maria aber, die immer Gütige, schaut mit den Augen ihrer barmherzigen Liebe auf diesen ihren Sohn, denn „es ist noch nie gehört worden, daß sie einen ihrer Söhne verlassen hätte."

Pfarrer Desgenettes erhebt sich jetzt, um das heilige Opfer zu feiern. Er beginnt das Stufengebet. Kaum hat er begonnen, da ist es, als flüstere ihm der Teufel zu: „Du hast nichts getan! Dein Amt ist umsonst! Was hast du erreicht in den vier Jahren, da du hier bist? Alles ist verloren. Dieses Volk hat keinen Glauben. Du solltest dich aus Klugheit zurückziehen!"

Desgenettes schreibt selber in seinen Annalen von jener Stunde inneren Kampfes: „Trotz all meiner Anstrengungen, diesen unglücklichen Gedanken zurückzuweisen, behauptete er sich so hartnäckig, daß er alles Vermögen meines Geistes in Anspruch nahm. Ich las oder rezitierte die Gebete, ohne zu verstehen, was ich sagte. Die Heftigkeit, die mich erfaßt hatte, ermüdete mich sehr, und ich kam in starken Schweiß."

Der Freund Jesu ist am Ölberg – oder hat nicht auch der Sohn Gottes gefleht und gezittert im Gedanken, alles sei umsonst, alles verloren? „Und sein Schweiß ward wie Blutstropfen, die zur Erde niederrannen." – Soll es seinen Freunden in gewissen Stunden nicht ähnlich ergehen?

Beim Sanctus wischt sich der edle Priester ganz erschöpft den Schweiß von der Stirne, bebend bei der Erkenntnis: „In diesem Zustand kann ich die Konsekration nicht vornehmen!" Und er betet inständig: „Mein Gott, befreie mich von dieser unglücklichen Zerstreuung, gib mir die Freiheit des Geistes zurück!" Kaum daß er einen Augenblick innegehalten und die Bitte vor Gott gebracht hat, hört er ganz deutlich folgende Worte: „Weihe deine Pfarrei dem heiligsten und unbefleckten Herzen Mariens!"

Plötzlich sind Ruhe und Freiheit des Geistes zurückgekehrt. Pfarrer Desgenettes fährt mit der Zelebration gesammelt fort.

Später, beim Niederschreiben seiner Erinnerungen, betont er ausdrücklich, daß er diese Worte nicht mit seinem äußeren Ohr vernommen habe, sondern dieselben mit überwältigender Klarheit in seinem Innern vernahm. Daß sie von Gott und nicht vom bösen Feind kamen, ist ihm deswegen klar, weil sie in einem Augenblick eine so große innere Ruhe bringen konnten. – Das heilige Opfer ist vollendet. Der Pfarrer kniet zur Danksagung nieder.

Geben wir ihm selber das Wort. „Nach meiner Danksagung prüfte ich, wie ich das heilige Meßopfer dargebracht hatte. Ich erinnerte mich nur an eine lästige Zerstreuung, aber diese Erinnerung war nur unklar. Ich mußte mich anstrengen, um deren Inhalt aus dem Gedächtnis zurückzurufen. Ich konnte mir nur sagen: ‚Ich habe nicht gesündigt, meine Geisteskräfte waren nicht frei.' Als ich dann weiter nachdachte, wie denn diese Zerstreuung aufhörte, traten die Worte, die ich gehört hatte, wieder vor meinen Geist. Dieser Gedanke erschreckte mich. Ich suchte das Erlebte in mir zu verneinen, aber mein Gedächtnis widerlegte die Gründe, die ich einwandte. Dieser Kampf mit mir selber währte wohl zehn Minuten."

Der Priester sträubt sich gegen den Gedanken, daß die andere Welt auf außerordentliche Weise in sein Leben eingegriffen habe. Er fürchtet, er könnte ein Visionär werden, und weiß, welch schwere Folgen diese Tatsache nach sich ziehen würde. Des Kampfes müde, sagt er sich: „Ich hatte nur eine lange Zerstreuung, das ist alles. Das Wesentliche für mich ist, nicht gesündigt zu haben. Ich will nicht mehr daran denken!"

Er steht auf und schickt sich an, die Sakristei zu verlassen. Kein Mensch ist da. Plötzlich ertönen wieder in feierlicher Weise die Worte: „Weihe deine Pfarrei dem heiligsten und unbefleckten Herzen Mariens!“ Pfarrer Desgenettes fällt wiederum auf die Knie, erschreckt, von neuem überwältigt. Es ist ihm klar: „Das sind die nämlichen Worte, der gleiche Ton, dieselbe Art, sie zu verstehen.“

Noch einmal wollen Zweifel seine Seele verwirren, doch nur kurze Augenblicke, denn er muß sich sagen: „Ich habe es zweimal gehört.“ Des Kampfes müde, von einer tiefen Traurigkeit befallen, steht er endlich auf, den Gedanken erwägend: „Das ist immerhin ein Akt der Verehrung der allerseligsten Jungfrau und kann eine gute Wirkung haben.“

Merkwürdigerweise verläßt ihn die Traurigkeit nicht mehr, seine Natur ist wie gelähmt. Fast unter einem Zwang geht er in sein Zimmer, setzt sich an den Schreibtisch und beginnt die Statuten eines Gebetsvereins zu entwerfen. Und jetzt leuchtet mit einem Mal der Gegenstand, der ihn so sehr erfaßt hat, vor ihm auf. Und je länger er schreibt, um so klarer wird ihm die Sache.

In kurzer Zeit sind die Statuten für die „Bruderschaft vom Unbefleckten Herzen Mariens“ zur Bekehrung der Sünder verfaßt. Diese Statuten sind ein Beweis rührendster Hingabe an Maria. Sie enthalten im wesentlichen folgende Bestimmungen:

- Die Mitglieder sollen sich bemühen, jeden Morgen alle guten Werke, Arbeiten, Gebete, Almosen, Andachtsübungen, Abtötungen und Bußwerke, die sie im Laufe des Tages verrichten, dem heiligen Herzen Mariens aufzuopfern, um mit ihm die heiligste Dreieinigkeit und das göttliche Herz Jesu anzubeten und von Gottes Barmherzigkeit die Bekehrung der Sünder zu erflehen.

- In dieser Meinung sollen die Mitglieder täglich einmal mit Andacht und mehr mit dem Herzen als mit dem Munde ein „Ave Maria“ und das „Gedenke“ beten und sooft als möglich die Anrufung: „Maria, du Zuflucht der Sünder, bitte für uns!“
- Sie sollen die Wunderbare Medaille tragen.

Die weiteren Bestimmungen beziehen sich auf die Bruderschaftsandachten, Verwaltung, usw.

Erste Andacht zur Bekehrung der Sünder

Bald nach dem sonderbaren Erlebnis sucht Pfarrer Desgenettes am 10. Dezember 1836 Erzbischof de Quélen auf, um ihm das Vorgefallene mitzuteilen und ihm die Statuten zu unterbreiten.

Der Bischof, selbst ein kindlicher Verehrer der lieben Gottesmutter, hat Mariens Macht und Güte besonders durch die Verbreitung der Wunderbaren Medaille schon hundertfach erfahren. Er ist überzeugt, daß Pfarrer Desgenettes von ihr zu einem neuen Werkzeug auserwählt wurde. Vor der Statue, die ihre Erscheinung in der Rue du Bac darstellt, überprüft er den Entwurf des neuen Gebetsvereins zur Bekehrung der Sünder.

„Sie wollen also in einer öffentlichen Andacht im Heiligtum Unserer Lieben Frau für die Bekehrung der Sünder beten lassen?“ fragt er den Pfarrer. „Ja, das möchte ich wohl, wenn ich die Leute dazu bewegen kann.“ – „Maria wird es tun, mein Sohn!“ – „Wenn sie es wünscht, so muß sie selber wunderbar eingreifen, denn meine Pfarrei ist ja, wie Sie wissen, ein Totengerippe“, antwortet bedrückt der Pfarrer.

„Hat sie nicht Paris schon mehrmals durch ihr Erscheinen vor sechs Jahren besonderer Gnaden gewürdigt? Sollte sie heute nicht mit Wundermacht die Herzen erobern können?“ – Der Bischof verbirgt dabei seine Tränen nicht. „Ich selber“, fährt er fort, „habe durch die Wunderbare Medaille so viele Beweise ihrer Liebe und Macht erfahren, daß ich nicht im geringsten am neuen Eingreifen Mariens zweifle. Sie, mein Sohn, sollen ein neues Werkzeug zur Verbreitung der Wunderbaren Medaille sein. Sie sind berufen, der Bewegung eine feste Ordnung zu geben, eine Gemeinschaft der Kinder Mariens zu gründen. Ich heiße Ihre Pläne gut, ich approbiere die Statuten und ermahne Sie, sogleich, also morgen, am 11. Dezember, dem Adventssonntag, mit der Andacht zum Unbefleckten Herzen Mariens zu beginnen.“

Pfarrer Desgenettes erwartet mit bangen Gefühlen den kommenden Tag. Des Erzbischofs Wort hat ihn ermutigt, neue Zweifel brechen jedoch wiederum über ihn herein. Die Glocken Unserer Lieben Frau vom Siege rufen zum Gottesdienst. Niedergedrückt besteigt der Pfarrer die Kanzel. 50 bis 60 Personen sind zugegen. Er verkündet auf den Abend die neue Andacht zu Maria, verspricht sich aber keinen Erfolg, denn wer sollte abends kommen, wenn jetzt nur so wenige da sind und diese sich zudem sichtlich langweilen?

„Kummervoll und traurig verließ ich die Kanzel“, erzählt er später. Kummervoll und traurig betritt er die Sakristei. Zu seinem größten Erstaunen folgen ihm zwei Männer. Beide wünschen zu beichten. Er hat sie noch nie in der Kirche gesehen, obwohl sie zur Pfarrei gehören. Neue Hoffnung belebt plötzlich sein Herz. Sind das nicht die ersten Sünder, die er durch Maria heimkehren sieht ins Vaterhaus?

Wie oft er an diesem Sonntag Maria, „die Zuflucht der Sünder", „die Mutter der Barmherzigkeit" anruft, weiß er selber nicht. Zwischen Hoffen und Bangen wird es Abend. Zur ungewohnten Zeit um 19 Uhr rufen die Glocken vom Turm. Wird ihnen jemand folgen? Oder soll eine neue bittere Enttäuschung des Pfarrers Herz erfassen?

Pfarrer Desgenettes betritt die Kirche. Vor dem Gnadenbild Unserer Lieben Frau vom Siege brennen viele Kerzen, sonst ist es dunkel im weiten Raum. Er kniet nieder. Ein letzter Flehruf zur Unbefleckten, dann zieht er sich in die Sakristei zurück, um in einigen Minuten die Vesper von der allerseligsten Jungfrau zu beginnen.

Während die Orgel ihr Loblied beginnt, wirft Desgenettes einen Blick in die Kirche. Zu seiner größten Verwunderung sieht er eine ansehnliche Schar Menschen, vor allem viele Männer. Sein Herz pocht stärker. So viele Leute finden sich doch höchstens an Ostern und Weihnachten hier ein. Woher kommen sie? Wer hat sie gerufen, da doch keine Einladung außerhalb der Kirche erfolgt war?

Ermutigt besteigt der Pfarrer die Kanzel. Während er mit warmen Worten voll verhaltener Glut Maria anruft, und der Versammlung die Gründung und den Zweck des neuen Gebetsvereins zur Bekehrung der Sünder erklärt, merkt er, wie die Zuhörer nach und nach mit steigender Aufmerksamkeit seinen Ausführungen folgen.

Tief ergriffen verläßt er die Kanzel. Das Allerheiligste wird ausgesetzt. Voll Begeisterung singt das Volk die Lauretanische Litanei. Man spürt eine Wärme und Liebe in jedem der gewaltigen und lieblichen Namen, die nur der Einen, Reinen, Unbefleckten gelten. Und – wie sonderbar – alle wiederholen zusammen dreimal die Anrufung „Maria, Zuflucht der Sünder", ebenso die Worte „Verschone uns, o Herr!"

Jetzt ist es um die Ruhe des Pfarrers geschehen. Erschüttert hebt er die Augen zum Gnadenbild Mariens, kindlich flehend: „O meine Mutter! Du hörst dieses Rufen der Liebe und des Vertrauens, Du wirst diese armen Sünder retten, die dich ihre Zuflucht nennen. O Maria, nimm diesen frommen Verein unter deinen Schutz und gib uns zum Zeichen dessen die Bekehrung des alten Ministers Join. Ich werde morgen in deinem Namen zu ihm gehen."

Erhebung des Gebetsvereins zur Erzbruderschaft

Kaum kann Pfarrer Desgenettes es erwarten, den alten, ergrauten Feind der Kirche, den letzten Minister Ludwig XVI., aufzusuchen. Bereits zehnmal hat er bei dem erblindeten, gichtkranken Rechtsgelehrten angeklopft. Zehnmal wurde er abgewiesen. Der gute Hirte läßt nicht nach im Kampf um diese Seele. Heute bewegt ihn neuer Mut, da doch Maria selber ihre Macht beweisen soll, und er von ihr zur Bestätigung des neuen Gebetsvereins dieses Wunderzeichen erbeten hat.

Mit der Wunderbaren Medaille bewaffnet, betritt er das Gemach, wo der alte Herr, in einen Lehnstuhl gebettet, am Kamin sitzt. Erster Schritt – er findet Einlaß zu dem Greis. Und neues Staunen! Nach einigen Höflichkeitsäußerungen bittet der Minister: „Herr Pfarrer, haben Sie die Güte, mir Ihren Segen zu geben!"

Desgenettes Priesterhand zittert leicht. Was die Worte des alten Herrn bedeuten in diesem Augenblick, weiß nur er allein! „Wie wohl tut mir Ihr Besuch. Ich kann Sie zwar nicht sehen, aber ich fühle Ihre Gegenwart. Seitdem Sie bei mir sind, fühle ich in mir einen Frieden, eine Ruhe und innere Freude, die ich nie gekannt habe." Gerührt sagt der Pfarrer: „Die seligste Jungfrau hat Ihnen diesen Frieden und Trost geschenkt. Hier habe ich ihre Medaille."

Mit zitternder Hand nimmt der Greis das kostbare Kleinod entgegen. In diesem Raum, wo noch nie der Name Maria genannt wurde, wo weder Kreuz noch Christi Bild von den Wänden grüßen, in diesem Raum küßt ein alter Rationalist die Medaille der allerseligsten Jungfrau. Von seinem Geistesauge fällt die dunkle Binde und läßt das Glaubenslicht in seine Seele strömen. Vor dem einfachen Priester demütigt sich der Gelehrte wie ein Kind und beichtet seine Sünden.

Nachdem das „Absolvo te" ihm seligen Frieden gebracht hat, einen Frieden, den ihm die Welt mit all ihrer Herrlichkeit nie geben konnte, verlangt er mit wahrem Hunger nach der Eucharistie. Er entläßt Pfarrer Desgenettes nur, nachdem dieser ihm versprochen hat, morgen wiederzukommen.

Tief beeindruckt verläßt Desgenettes das Gemach, das heute zum Tempel Gottes wurde. Schon ist es Nacht, die Schneeflocken wirbeln um die Kirche Unserer Lieben Frau vom Siege, als er sich ihr naht, um Maria zu danken. Sie hat das Zeichen gegeben, das er verlangte. Nun ist er seiner neuen Aufgabe gewiß, durch Gründung des Gebetsvereins zur Bekehrung der Sünder für Maria wirken zu dürfen.

Ein neues Leben beginnt nun für Pfarrer Desgenettes. Ein Frühlingsblühen hebt an mitten im Winter im Garten seiner Pfarrei, wo doch bis jetzt nur Dornen und Disteln gewuchert haben. Die Menschen horchen auf, besinnen sich, besuchen immer häufiger die Abendstunden der Bruderschaft. Der Pfarrer, selbst überwältigt von all den Berichten überraschendster Bekehrungen, verkündet in jenen abendlichen Weihestunden jedesmal neue Wunder. Oft liest er Briefe vor, die bald in großer Zahl eintreffen und die sonderbarsten Berichte von der Güte und Macht der Mutter Gottes schildern. Maria, die „Zuflucht der Sünder", hat ihren Thron mitten in der Weltstadt Paris aufgeschlagen.

Ein Wunder eigener Art ist schon die überaus rasche Verbreitung des neuen Gebetsvereins über ganz Frankreich und im Ausland. Nachdem Pfarrer Desgenettes, gedrängt von seinen Freunden, sein „Handbuch" herausgegeben hat, geht es von Dorf zu Dorf, von Stadt zu Stadt. Und Desgenettes erfährt täglich mehr die volle Wahrheit jener Worte, die er als Einleitung zu den Statuten selber geschrieben hatte: „Maria wird, man darf nicht daran zweifeln, aus den Abgründen der Sünde Seelen retten, die ohne ihre Vermittlung ewig verlorengegangen wären."

Im Juni 1838 ging Pfarrer Desgenettes' Wunsch in Erfüllung: Der Gebetsverein wurde vom Heiligen Vater zur Erzbruderschaft erhoben. Damit war die Ausbreitung über den ganzen Erdkreis gesichert. Als Mitarbeiter berief Desgenettes bald den vom Judentum übergetretenen Priester Theodor Ratisbonne, von dem später noch ausführlicher berichtet wird.

Wenn wir heute die Annalen von Pfarrer Desgenettes lesen, ergreift uns ein Staunen über den Triumphzug der Wunderbaren Medaille und die Verbreitung der Andacht zum Unbefleckten Herzen Mariens. Als ihr Begründer starb, zählte die Erzbruderschaft 15 000 einverleibte Zweigbruderschaften auf der ganzen Erde und mehr als 20 Millionen Mitglieder. Jeden Monat erschien ein gedruckter Bericht, wovon die neun ersten Hefte die erwähnten „Annalen" von Pfarrer Desgenettes sind.

Von den Tausenden der Bekehrungen seien hier nur einige erwähnt: die Bekehrung eines Advokaten, eines Generalleutnants, eines Arztes, eines Handelsmanns und deutschen Philosophen, eines ungläubigen alten Fürstensohnes, und die ganz auffällige Bekehrung des Juden Alfons von Ratisbonne.

Maria, die Mittlerin der Gnaden

Bevor wir einige Beispiele der augenfälligen Bekehrungen anführen, wollen wir einen Augenblick innehalten und fragen: Kann Maria Wunder wirken? Ist es richtig, wenn wir ihre Wundermacht preisen?

Kein Geschöpf kann Wunder wirken. Einzig der Schöpfer aller Dinge, der Urheber des Lebens, der Lenker der Natur, welcher die ewigen Gesetze hineinlegte in die Schöpfung, hat die Gewalt, in diese Gesetze einzugreifen. Ihm, dem Allmächtigen, ist kein Ding unmöglich. Was uns besonders auffällt – plötzliche Heilungen –, bedeutet für ihn, den Schöpfer, nur einen Willensakt. Oder ist das Wunder des Lebens in seinem Entstehen und Werden etwa kleiner für ihn als jenes, ein menschliches Organ zu erneuern? Beide sind Wirkung seines Schöpferwillens.

Wenn Jesus als Sohn Gottes die Toten ins Leben zurückrief und die Kranken heilte, zeigte er seine Schöpfermacht. Wenn Gott Menschen auserwählt, daß sie – von außen gesehen – dasselbe tun können wie er selbst, so wirkt er durch sie seine Schöpfermacht aus, er braucht sie als Werkzeuge, er erhört ihre Bitte und läßt das Wunder geschehen. Und je näher ein Mensch Gott steht, um so schneller wird er erhört. Je angenehmer vor Gott, je demütiger dieser Mensch vor ihm ist, je vollkommener er seinen Willen erfüllt, um so sicherer erhört ihn Gott.

Wer von uns Menschen aber vermag es, so vollkommen, so rein, so demütig wie Maria, die „Magd des Herrn" zu sein? Sie ist die erste Eingeweihte in das innere göttliche Leben der Heiligsten Dreifaltigkeit. Sie ist Mutter des Sohnes, Tochter des Vaters, Braut des Heiligen Geistes. Als Lieblingsgeschöpf des Allmächtigen kann sie von ihm Wunder erbitten – Wunder zur körperlichen Heilung.

Als Mutter des Erlösers, als Braut des Heiligen Geistes vermag sie aber weit mehr. Sie erbittet Wunder an den Seelen, denn sie kennt diese besser als alle Gelehrten dieser Welt. Infolge ihres Freiseins von der Erbschuld ist ihr Verstand nicht verdunkelt, ihre natürliche Erkenntnis größer als die aller Menschen. Nie war ihr Verhältnis als Geschöpf gegenüber Gott getrübt. Stets flutete das innergöttliche Leben der Heiligsten Dreifaltigkeit durch dieses wunderbarste aller Geschöpfe. Sie ist voll der Gnade, voll Weisheit und Liebe.

Wie muß aber diese Liebe gewachsen sein in jenen furchtbaren Stunden, da sie, die Königin der Märtyrer, unter dem Kreuz stand und ihren göttlichen Sohn verbluten sah für uns Menschen! Welche Hochachtung und

Wertschätzung der menschlichen Seele müssen sie in diesen qualvollen Augenblicken erfüllt haben, da sie mitansehen mußte, daß der Gottmensch, ihr Sohn, unter den schrecklichsten Umständen für die Menschenseele litt und starb! Hier hat sie in bitterstem Weh ihre Kinder geistig geboren. Ja, wir sind teuer erkauft! Hier hat sie sich vorgenommen, all ihre Liebe den Menschen zukommen zu lassen und alles zu tun, um Seelen zu retten. Hier wurde sie Miterlöserin der Welt.

Und heute? Wie Jesus als Erlöser noch immer wirkt, so wirkt auch seine Mutter als Miterlöserin. Wie sie damals den Kampf um die Menschenseelen zwischen Luzifer und dem Himmel erkannte, so auch heute. Darum hat ihre Barmherzigkeit für uns Sünder keine Grenzen, und sie läßt nicht nach mit Bitten, bis der Heilige Geist gesiegt hat und das Böse überwunden ist. Maria selber wirkt nicht das Wunder der Bekehrung – der Heilige Geist wirkt es. Bekehrungen sind größere Wunder als Heilungen.

Der Mensch aber kann sich der Gnade verschließen. Gott schenkte ihm den freien Willen. Wohl schlummern die übernatürlichen Gaben im getauften Menschen als Anlagen oder Fähigkeiten. Der Christ ist einem Künstler vergleichbar, der ein natürliches Talent in sich birgt. Das Talent ist da, ob er nun davon Gebrauch macht oder nicht. Wirkt er damit, gleiten z.B. seine Hände über die Tasten des Klaviers, so entsteht ein wunderbares Spiel, oder führt der Maler seinen Pinsel über die Leinwand, so ergibt sich ein Gemälde. Wird das Talent aber nicht entfaltet, dann bleibt es unterentwickelt und verkümmert.

Ganz ähnlich steht es mit dem übernatürlichen Sein des Getauften. Wird es dem Heiligen Geist durch die Sünde unmöglich gemacht, daß er durch seine Einsprechungen, durch seine Erleuchtungen auf den Tasten der in der Taufe eingegossenen Tugenden, Gaben und Gnaden spielen kann, bleiben diese wie stumm. Das wäre ein Unglück für den getauften Christen, ja das eigentliche Unglück. Was für ein Wirken der Gnade ist da nötig, damit die Ordnung wiederhergestellt werden und der Heilige Geist wieder herrschen kann!

Maria, die Braut des Heiligen Geistes, vermag dieses Werk in Gang zu setzen, sie, die Mittlerin aller Gnaden, die Mutter der Barmherzigkeit. Darum preisen wir Mariens Wundermacht und verstehen wohl, wie dieser Ausdruck gemeint ist. Maria als das vollkommenste Geschöpf, die Gottesgebärerin, ist die „fürbittende Allmacht" bei Gott. Auf ihre Fürbitte hin wirkt Gott das Wunder. Wenn wir sie, die Mittlerin, jedoch nicht hätten, wie arm wären wir. Sie kann der Schlange den Kopf zertreten. Und wie sie es tut, davon künden die zuvor beschriebenen Tatsachen und ganz besonders die wunderbaren Bekehrungen, welche nachfolgend erzählt werden.

Bekehrung eines Advokaten

Ein Advokat aus einer südlichen Stadt Frankreichs kommt im Oktober 1837 aufgrund seiner Geschäfte nach Paris. Dieser Herr, in seiner Kindheit zwar christlich erzogen, in der Studienzeit aber von gänzlich freigeistigen Lehrern beeinflußt, wurde ein Gotteshasser und Gottesleugner. Stolz und Neigung zu sinnlichen Ausschweifungen verdunkelten seinen Geist vollständig. Und obwohl er sich als Ungebundener und Freidenker ausgibt, ist er doch ein Sklave seiner Leidenschaften. Mehrmals schon quälte ihn die Versuchung zum Selbstmord, denn manch Schweres durchkreuzte sein Leben. Und gerade hier in Paris erleidet sein Stolz eine schwere Niederlage.

Bedrückt und niedergeschlagen überquert er eines abends den Platz vor der Kirche Unserer Lieben Frau vom Siege. Vom Schicksalsschlag, der ihn in den letzten Tagen getroffen hat, sind seine Nerven derart überreizt, sein Stolz so sehr gepeinigt, daß ein Zittern seinen Körper überfällt und er sich gezwungen sieht, sich irgendwo einen Augenblick niederzusetzen.

Es ist 18 Uhr. Aus der Kirche dringt ein Lichtschimmer auf die Straße. Er öffnet das Portal und geht durch die menschenleere Kirche bis zu jener Seitenkapelle, woher das Licht kommt. Dort läßt er sich vor dem Altar, der von Herrn Pfarrer Desgenettes dem Herzen Mariens geweiht ist, auf einen Sitz nieder. Sein Zorn, gezwungenerweise in einer Kirche sein zu müssen, steigert sich zur wahnsinnigen Raserei. Er ballt die Faust und schäumt vor Wut. Mehrmals flucht er Gott, den er doch stets leugnete. Schaurig widerhallen seine Worte an Säulen und Wänden: „O wenn es wahr ist, daß Du bist, warum bin ich denn so unglücklich! Beweise mir also Dein Dasein! Ich fordere Dich auf, es mir zu beweisen!“

Ermüdet von der Aufregung und Qual versucht er seine Stellung zu verändern und läßt sich auf eine Kniebank nieder, gerade vor dem Bild der Mutter Gottes. Da fällt ihm das reine Weiß an diesem Bild in die Augen. Wütend schaut er auf zu der Unbefleckten und herrscht sie an: „Dich nennt man Trost der Unglücklichen. Verschaffe mir Trost, wenn du etwas vermagst!“

Er weiß nicht, daß er die mit bösem Herzen ausgesprochenen Worte hier vor die Mutter der Barmherzigkeit, die Zuflucht der Sünder gebracht hat, wo alle Erhörung finden, die sie anrufen. Obwohl es Bosheit und Stolz sind, mit denen er die heiligste Jungfrau herausfordert, sie hört doch auf sein Wort, sie hat ja hier ihren Gnadenthron besonders für jene aufgeschlagen, die ohne sie zugrunde gehen würden.

Merkwürdigerweise überkommt ihn jetzt eine wohltuende Ruhe. Nach kurzer Zeit aber überfällt ihn von neuem die Verzweiflung. Er wiederholt den Ruf an die zärtlichste Mutter, diesmal ohne Trotz und Bosheit: „O du Trost der Unglücklichen, erbarme dich meiner, tröste mich und erleichtere meine Last!“ Und sogleich überkommt ihn wieder die Ruhe. Zum drittenmal aber beginnt der furchtbare Verzweiflungskampf, zum drittenmal siegt Maria.

Eine Stunde mag vergangen sein. Der Rechtsgelehrte ist noch immer in der Gnadenkapelle. Seine Nerven sind ruhiger geworden, und sein Zustand erlaubt es ihm nun, die Kirche zu verlassen, um seine Wohnung aufzusuchen.

Beim Eintritt ins Wohnzimmer fällt sein erster Blick auf ein kleines Buch, das auf dem Kamin liegt. Er kann sich nicht erinnern, es je gesehen zu haben, und nimmt es prüfend zur Hand. Es ist die »Nachfolge Christi«. Sich auf einen Stuhl niederlassend, öffnet er das Büchlein. Seine Augen bleiben an dem Satz haften: „Der Mensch wird durch das bestraft, wodurch er sündigt.“ Wie Schuppen fällt es ihm von den Augen, und er erkennt die Richtigkeit dieser Worte. Er forscht weiter und liest: „Den wahren Frieden findet man nur, wenn man seinen Leidenschaften widersteht, und nicht, wenn man sich wie ein Sklave denselben hingibt.“

Lange blättert er in dem kostbaren Buch. Immer klarer erkennt er die Ursachen seines Unglücks: Stolz und sinnliche Ausschweifung. Es beginnt von jetzt an ein mühsamer Weg für den stolzen Mann. Er, der sich nie vor Menschen beugte, lernt sich langsam, langsam zu verneigen vor der Himmelskönigin, der Mutter der Barmherzigkeit.

Der nächste Tag bringt ihm zwar nicht mehr die heftigen Gemütserregungen, dagegen lastet eine drückende Schwere auf ihm. Wieder führt sein Weg an der Kirche Unserer Lieben Frau vom Siege vorbei. Wieder lockt ihn die Gnade, und diesmal gibt er ohne Widerspruch diesem Drängen nach und sucht wie gestern seinen Platz in der Seitenkapelle vor dem Gnadenbild Mariens auf.

Merkwürdig! – Seine Gedanken werden Gebet. Er fühlt sich beruhigt und gestärkt, mit neuem Mut verläßt er das Heiligtum. Auch am nächsten Tag kann er nicht vorübergehen, es zieht ihn wieder in die dämmrige, wohltuende Ruhe der Kirche.

Und so fährt er jeden Tag fort. Erstaunlicherweise findet er keinen Geschmack mehr an seinen philosophischen Büchern, und er beginnt das rationalistische Lehrgebäude, in welchem er seit seiner Studienzeit zu Hause war, ernstlich zu prüfen. Wie sehr ist er überrascht, heute in demselben so viele Widersprüche und nur eine Masse ohne Zusammenhang zu finden. Die Gnade, die zuerst sein Gemüt erfaßte, durchdringt nun auch seinen Verstand, und je mehr er denselben leert vom alten Stolz und Wahn, um so mächtiger strömt sie ein und erfüllt ihn mit dem Licht der Wahrheit. Das kleine Buch, die »Nachfolge

Christi«, mit seinen harten und kantigen Goldkörnern sagt ihm plötzlich mehr als die Werke der größten Gelehrten.

Nach und nach kann er dem Entschluß, ein wahrer Christ zu werden, nicht mehr ausweichen. Mehrere Wochen kämpft er mit sich selbst, denn am Eingang zum Tor des Christseins steht für ihn das große Hindernis seines Stolzes: die Beichte. Maria aber, die Mutter der Barmherzigkeit, verläßt ihn nicht. Immer wieder zieht sie ihn vor ihr Gnadenbild, wo er allein immer Frieden findet. Je mehr er getrotzt, um so zärtlicher nimmt ihn die himmlische Mutter auf, bis sie endlich siegt.

Am 25. Januar, dem Fest Pauli Bekehrung, kniet der einst so stolze Mann im Beichtstuhl und bekennt seine Sünden. Jetzt begreift er das Wort Christi: „Meinen Frieden gebe ich euch – nicht wie die Welt ihn gibt, gebe ich ihn euch." Und Maria, die Trösterin der Betrübten, durchströmt den Heimkehrenden mit der Wonne himmlischen Trostes, so daß seine Augen, die nie im Leben geweint hatten, von Tränen himmlischen Glückes überfließen.

Tapfer hat der Rechtsgelehrte seinen Kampf aufgenommen gegen den Geist der Welt, die mit tausend Fangarmen immer wieder nach ihm greift. Er hat gebrochen mit den Freunden und Freundinnen, die den Höllentanz Babylons weitertanzen, denn er hat erkannt, daß über der lockenden Wirklichkeit dieser Welt eine ganz andere, unendlich höhere und gewaltigere steht, von unseren Sinnen nicht faßbar, im Lichte des Glaubens aber erkennbar.

Bekehrung eines Generalleutnants

An einem Maientag 1839 begibt sich Pfarrer Desgenettes nach der Vorstadt du Roule, wo er ein Frauenkloster besucht. Kaum hat die Oberin das Sprechzimmer betreten, beginnt sie sichtlich erregt dem hohen Besuch von einem schwerkranken Herrn zu erzählen.

„Sie kommen mir wie von einem Engel geschickt. O, beten Sie für den Generalleutnant und lassen Sie beten in der Bruderschaft“, sagt sie lebhaft, „er hat nicht mehr viel Zeit zur Bekehrung, denn er geht rasch dem Tod entgegen. Unsere Schwestern, die ihn pflegen, seine Kinder und Verwandten haben alles aufgeboten, um ihn zum Beichten zu bewegen. Sie dürfen jedoch kein Wort mehr davon sagen, denn der Kranke geriet in Raserei und verbot strengstens, mit ihm darüber zu reden.“ – „Wir wollen beten für ihn. Maria wird helfen“, antwortet ruhig der edle Priester.

Am Samstag darauf, es ist der 25. Mai um 9 Uhr, feiert Pfarrer Desgenettes das heilige Opfer am Altar Mariens, zur Ehre ihres unbefleckten Herzens. Wie immer hat er vorher die Anwesenden ermahnt, Messe und Kommunion zur Bekehrung der Sünder aufzuopfern, heute besonders für einen Weltmann, der mit unbußfertigem Herzen dem Tode nahe ist. Hier betet der heiligmäßige Priester: „Gedenke, o gütigste Jungfrau, daß es noch nie gehört wurde, daß jemand, der zu dir seine Zuflucht nahm, von dir verlassen worden sei!“

Vierzig Menschen opfern die heilige Kommunion auf für den unbekannten Gottlosen. – Der Todkranke, der vor Aufregung, Erbitterung, Haß und verzehrendem Fieber einen Monat lang keinen Schlaf mehr gefunden hatte, schläft zwischen 9 und 9.30 Uhr ruhig ein. Seine Angehörigen und die zwei Pflegeschwestern bangen um ihn, denn sie erwarten eine plötzliche Änderung seines Zustandes. Sollte er wirklich in der furchtbaren Seelenverfassung hinübergehen ins andere Leben?

Doch wie merkwürdig: Nach eineinhalb Stunden wohltuenden Schlafes erwacht der alte Herr, betet mit sanfter Stimme für seine Kinder und empfiehlt jedes dem Schutz Gottes. Man horcht auf, hält ihn für wahnsinnig, ihn, der nur Spott und Hohn für Gott auf den Lippen hatte. Man wagt es kaum, sich ihm zu nähern. Als erster spricht ein alter Waffenfreund ihn an und erhält ganz klare Antwort. Er scheint doch bei gesundem Verstande zu sein.

Da wagt der Freund die Mahnung auszusprechen: „Herr General, beten Sie für Ihre eigene Seele! Sie haben noch drei bis vier Tage Zeit dazu." Man fürchtet einen neuen Wutanfall. Doch nichts geschieht. Ruhig antwortet der General: „Laßt mir Zeit zum Nachdenken!"

Mit großen Augen schaut man sich an und gewährt ihm diese Bitte. Er ist allein. Mit Wucht bedrängt ihn die Gnade, der er sich schon so oft hartnäckig verschlossen hatte. Diesmal öffnet er die Tore seines Herzens. Und wie man in einem Zimmer, wenn der Sonnenstrahl hineinfällt, die Luft von Staub erfüllt sieht, den man ohne diesen Strahl gar nicht gesehen hat, so geht es dem alten General. Die Sonne des Heiligen Geistes läßt ihn auf einmal erkennen, daß seine Seele erfüllt ist vom Staub und Schmutz der Welt. Er geht in sich, und als man wieder in sein Zimmer kommt, findet man den Kranken erschüttert und weich gestimmt. „Ich möchte beichten und alles gutmachen", sagt er mit bebenden Lippen. Welche Freude für seine edle Familie!

Aus Zartsinn bietet man ihm an, den Erzbischof holen zu wollen, da dieser ihn ohnehin schon mehrere Male besuchen wollte. „Nein! Unseren Pfarrer holt, den ich stets so verächtlich behandelt habe!“ ist die Antwort des Kranken.

Der Pfarrer kommt. Mit Ehrfurcht und rührender Andacht beichtet der General, und nachdem er mit Tränen in den Augen das befreiende „Absolvo te“ empfangen hat, bittet er alle aus seiner Umgebung mit großer Schlichtheit um Verzeihung für das Ärgernis, das er viele Jahre hindurch bereitet hatte.

Kein Auge bleibt trocken in dieser Stunde. Und nun schmücken sie das Krankenzimmer wie ein Gotteshaus. Der Herr selber kommt, um seinen verlorenen und wieder heimgekehrten Sohn zu besuchen. Söhne und Töchter, Dienstboten und Pflegerinnen knien mit brennenden Kerzen da, um den König in der Brotsgestalt zu ehren. Mit großer Sammlung und Ruhe empfängt der General seinen Herrn und Gott.

Von dieser Stunde an ist er wie umgewandelt. Kein Wort der Ungeduld kommt mehr über seine Lippen, nur Dank und Lobpreis und immer wieder die Bitte um Verzeihung. In der Nacht vom 27. auf den 28. Mai ist er sanft im Herrn entschlafen.

Sofort wird Pfarrer Desgenettes von der wunderbaren Bekehrung benachrichtigt. Beim Niederschreiben derselben drängt es ihn, seiner himmlischen Mutter mit folgenden Worten zu danken: „O Mutter der göttlichen Gnade! Du Trost der Unglücklichen und Zuflucht der Sünder! Wie zärtlich stellt sich uns dein Mitleid in diesem Wunder deiner allvermögenden Fürbitte dar. Du wolltest diesen

Sünder, der sich gegen Gott und dich empörte, in einen Heiligen umwandeln.

Mächtig kämpfte der Satan gegen dich an, aber du hast das Haupt dieses Ungeheuers zerschmettert. Du hast die Schmerzen und furchtbare Gemütsstimmung des Kranken durch sanften Schlaf überwältigt und während demselben sein Herz vom Höllengift des Stolzes und der Empörung gegen Gott befreit und mit gelehrigem Sinn erfüllt. Du hast ihn bekehrt in elfter Stunde."

Die Bekehrung des Generalleutnants hat die Kirche in Tours mit großem Trost erfüllt, die Gläubigen erbaut und manche Umkehr alter Waffenfreunde veranlaßt.

Bekehrung eines Arztes

Pfarrer Desgenettes neigt sich über ein Schreiben. Sorgenfalten legen sich auf seine hohe Stirne, und Wehmut überschattet sein Gesicht. Er hält einen Brief in Händen, der nichts Gutes berichtet.

Ein Arzt aus der Diözese Versailles liegt sterbenskrank darnieder. Sein Freund hat ihn schon vor einigen Wochen dem Gebet der Erzbruderschaft empfohlen und den seelischen Zustand des unheilbar Kranken auf folgende Art dargestellt:

Der 38 Jahre alte Arzt ist ein rechtschaffener Mann mit natürlichen Tugenden, gütig gegen Arme, liebevoll gegen Kranke. Sein Glaube aber ist vollständig erloschen. Voltaire ist sein Evangelium, Kirche und Religion sind für ihn abgetan. Für den Rat seines Freundes, seinen Geist mit anderen Dingen zu beschäftigen, als er es bisher getan habe, hat er nur ein spöttisches Lächeln übrig.

Heute, am 8. Juli, so berichtet das Schreiben, das Desgenettes in Händen hält, steht die Sache nicht besser, sondern schlimmer. Der Kranke, der mit Riesenschritten dem Tod entgegengeht, scheint verstockter denn je. Die schlechten Romane seiner Zeit und Voltaires Schriften bilden seine geistige Nahrung. Die Begriffe Gott, Seele, Ewigkeit finden keinen Eingang in die ganz verdunkelte Seele. Nochmals bittet man um das Gebet zur barmherzigen Mutter.

Am Sonntag, dem 9. Juli, bringt der Pfarrer das schwere Anliegen vor seine versammelten Gläubigen, und am folgenden Tag opfert er die heilige Messe im gleichen Sinne auf. Einige Stunden später besuchen die Freunde den sterbenden Arzt. Sie wagen es noch einmal, auf seinen Zustand hinzuweisen. Diesmal hört er sie an, und nach einigen Augenblicken des Schweigens sagt er ernst: „Vielleicht wäre es gut, sich Gott zu empfehlen." Mit diesem Satz kommt Satan zum Wanken. Die Königin setzt ihren Fuß wieder auf das Ungeheuer und neigt sich zum verirrten Sohn.

Merkwürdigerweise findet der Kranke von da an keinen Geschmack mehr an den schlechten Büchern. „Entfernt sie, ich will sie nicht mehr sehen, ihr Anblick schmerzt mich", mit diesen Worten nimmt er Abschied von ihnen. Ein guter Freund macht ihn aufmerksam auf den Trost und das Licht des Glaubens, auf den Frieden, den derjenige genießt, der sich mit Gott versöhnt. Der Kranke ist tief beeindruckt von diesen Worten und verlangt immer mehr von Gott und den Glaubensgeheimnissen zu hören. Man ruft seinem Wunsch gemäß den Ortspfarrer, welcher ihn auf den Empfang der heiligen Sakramente vorbereitet. Die Finsternis weicht vollständig dem Licht der Gnade. Tief zerknirscht beichtet der Mann, der ein Leben lang nur Spott und Hohn für jene hatte, die beichteten.

Ein seliger Friede erfüllt den Heimgekehrten, doch die Todesschwäche nimmt zu. Man fürchtet, er sterbe, noch bevor er die heilige Kommunion empfangen kann. Wider Erwarten erholt er sich etwas. Acht Tage sind ihm noch geschenkt zur Sühne, zur Läuterung, zur Vorbereitung auf das ewige Hochzeitsmahl. Ein seliger Heimgang ist das Sterben des alten Voltaire-Schülers, der jetzt Mariens geliebter Sohn ist. Die Namen „Jesus, Maria" sind seine letzten Worte.

Bekehrung eines Kaufmanns

An einem Oktobersonntag erzählt Pfarrer Desgenettes in seiner Abendpredigt folgendes Erlebnis:

„Als wir anfangs dieses Monats spätabends die Beichte hörten, ging ein junger Kaufmann, der sich für kurze Zeit in Paris aufhielt, über den Platz Petits Pères vor unserer Kirche, nicht aber, um letztere zu betreten, sondern um eines der Lustlokale in der Nähe aufzusuchen. Schon den ganzen Nachmittag hatte er sich Ausschweifungen hingegeben und war wie in einem Rausch der Leidenschaft.

Da bemerkte er den Lichtschimmer, der von der Kirche auf die Straße fiel, und folgte ihm neugierig. Er durchschritt die Kirche und sah die Leute beichten. ‚Wie dumm von diesen!' dachte er und näherte sich dem Altar vom heiligen Herzen Mariens. Ein Lichtstrahl fiel auf das Bild. Er setzte sich einen Augenblick. Wieder drängte sich ihm die Vorstellung von den beichtenden Männern auf. ‚Einmal hab' auch ich gebeichtet.' Dieser Gedanke packte ihn und ließ ihm keine Ruhe mehr. Er wußte nicht, daß er sich unter dem Bild der barmherzigen Mutter, der Zuflucht der Sünder befand, und daß sie schon begann, sein Herz zur Umkehr zu bewegen. Aber von neuem sagte er sich: ‚Wie dumm ist das Beichten!'

Er erhob sich und wollte gehen, sah aber im Lichtschein etwas Besonderes an dem Bilde Mariens, das ihn fesselte. Plötzlich dachte er: ‚Was für einen Tag hab' ich doch hinter mir. Ich wäre nicht imstande, ihn nochmals zu durchleben.' Unruhe und Qual wurden ihm bewußter. ‚Wenn ich beichten könnte, würde ich ruhiger. Hier kennt mich ja niemand.'

Die Gedanken wogten hin und her, und ohne daß er wußte, wie es kam, stand er neben anderen Männern beim Beichtstuhl. Wohl war seine Vorbereitung mangelhaft. Mehr als eine Stunde half der Priester dem armen Menschen. Tief erschüttert verließ er den Beichtstuhl, bereit, ein neuer Mensch zu werden, und im Innersten gerührt sagte er: ‚Wie glücklich bin ich jetzt! Wie danke ich Ihnen und wie danke ich Gott! Welch ein Unterschied zwischen dem schaurigen Zustand, in welchem ich mich befand, als ich diese Kirche betrat, und dem jetzigen! Wie heißt diese Kirche?' – ‚Es ist die Kirche Unserer Lieben Frau vom Siege.' – ‚Ich werde sie nie vergessen, sie hat einen Sieg über meinen Stolz und meine Leidenschaften davongetragen. Sie haben mir gesagt, daß wir beide vor dem Richterstuhl Gottes erscheinen werden, daß Sie dort von den Gesinnungen, die ich geäußert, und von meinem Versprechen Rechenschaft geben werden. Ich verspreche nochmals, denselben treu zu bleiben. Und ich werde Ihre Liebe niemals vergessen.‘

Mit Tränen wahrer Reue, Liebe und Dankbarkeit verließ uns der junge Mann. – Dieser Abend entschädigte mich reichlich für viele Leiden und Prüfungen verflossener Jahre.“

Bekehrung eines Philosophen

Pfarrer Desgenettes ahnt nicht, als er die Kanzel verläßt, daß seine Worte das Innerste eines Mannes, welcher sich unter den Zuhörern befand, aufgewühlt haben und daß Maria ihre barmherzigen Augen auf einen längst Verlorenen richtet.

Die Abendandacht ist beendet. Langsam strömt das Volk aus der Kirche. Ein Herr steht noch vor dem Gnadenaltar. Nach einigem Zögern schreitet er entschlossen der Sakristei zu und steht nun vor Pfarrer Desgenettes, der mit seinem forschenden Blick rasch erkennt, daß der Eingetretene innerlich einen Kampf aussteht.

„Herr Pfarrer, ich möchte beichten, und zwar bei Ihnen“, gesteht er offen. „Heute und morgen kann ich es zwar nicht tun, aber am Dienstag, wenn es Ihnen so paßt.“

„Mein Herr, ich stehe Ihnen immer zu Diensten“, antwortet bescheiden der edle Priester.

Am Montag abend schon kommt derselbe Herr wieder in die Kirche und sucht den Pfarrer auf. „Herr Pfarrer, ich kann es nicht mehr aushalten bis morgen. Ich muß mit Ihnen reden und Ihren Rat einholen. Seit Ihrer Predigt, in der Sie die Bekehrung eines jungen Mannes erzählten, wird mein Gewissen von großer Qual bedrängt. Zuerst aber will ich Ihnen meine Lebensgeschichte erzählen.“

Und nun berichtet der 54jährige Herr, wie er in der Jugend christlich erzogen, später durch das Studium aller Systeme der Philosophie und Mathematik jahrelang der Jugend seine falschen Ideen beigebracht habe. Bis vor zwei Jahren war er seiner Sache sicher und überzeugt von der Richtigkeit. Seit dieser Zeit aber erhoben sich Zweifel und Unruhe, und das System, das er sich gebildet hat, schien ihm nicht mehr so fest begründet. Er beschloß, nach Paris zu reisen, um da Verbindungen mit den berühmtesten Philosophen anzuknüpfen, was auch geschehen war. Die Widersprüche jedoch, die er entdeckt hatte, hatten seine Unruhe nur gesteigert.

„Ich besuchte hie und da eine katholische Kirche", fährt der Gelehrte fort, „und ich wurde von der Haltung der Betenden gerührt. Zweimal schon war ich im Abend-Gottesdienst in Ihrer Kirche, und seit gestern habe ich nun keine Ruhe mehr, bis ich beichten kann."

Pfarrer Desgenettes hat dem Geständnis aufmerksam gelauscht. Seine Klugheit aber rät ihm, die erste Aufregung des Gelehrten vorübergehen zu lassen und von ihm zu verlangen, daß er, dessen Geist sich so viele Jahre seine eigenen unchristlichen Systeme geschaffen hatte, zuerst die christliche Religion gründlich studiere. Er reicht dem Herrn das Werk »Triumph des Evangeliums« und mahnt ihn eindringlich, dasselbe mit Überlegung durchzuarbeiten, bevor er wieder zu einer Unterredung erscheine.

Zehn Tage gehen dahin. Pfarrer Desgenettes ruft immer wieder Maria an, die Braut des Heiligen Geistes, die weiseste Jungfrau, daß sie den Lehrer der Philosophie belehre. Und sie hat es getan mit wunderbarer Klugheit und Macht. Pfarrer Desgenettes muß gestehen, daß der gelehrte Herr nach zehn Tagen sich vollständig klar ist über die christliche Religion und zu den Sakramenten zugelassen werden kann.

Am Feste Maria Empfängnis wird dem Heimgekehrten nach einem Leben voller Irrtum und Unglauben das Brot des Lebens gereicht. Schluchzen erschüttert den Mann, er weint Tränen der Rührung und Freude. Später hat er alles getan, um bei seinen Freunden und Bekannten diese Rückkehr zur Kirche zu begründen und den alten Irrtum zu widerrufen.

Bekehrung eines Fürstensohnes

Eines abends geht eine katholische Dame, gebürtige Engländerin, über den Platz Petits Pères. Erstaunt, die Notre-Dame Kirche noch beleuchtet zu sehen, öffnet sie das Portal und wohnt dem Schluß des Gottesdienstes bei. Sie hört noch, wie der Pfarrer die Sünder dem Gebet empfiehlt, und empfängt den Segen.

Nachdem das Volk sich entfernt hat, naht sie sich dem Marienaltar, wo zwei Damen knien, und erkundigt sich bei denselben über die soeben gehaltene Abendandacht. Mit lebhaftem Interesse vernimmt sie den Zweck derselben und bittet, einen alten, ungläubigen Fürstensohn ins Gebet einzuschließen.

Einige Tage darauf besucht dieselbe Dame Pfarrer Desgenettes, läßt sich in die Erzbruderschaft aufnehmen und empfiehlt ihm selber ihren ungläubigen Bekannten ins Gebet. „Er ist der Sohn eines bedeutenden deutschen Fürsten“, erzählt sie, „und stammt aus einer Geheimehe. Sein Vater hat den Knaben beim Regierungsantritt aus Deutschland entfernt und ihn unter einem fremden Namen nach Frankreich geschickt, wo er einem Hofmeister übergeben wurde. Letzterer, ein sogenannter aufgeklärter Illuminat, hielt von dem Knaben jede religiöse Einwirkung fern und erzog ihn absichtlich zu einem Gottesleugner und Materialisten. Auch verdarb er ganz sein sittliches Gefühl. Dreißig Jahre haben sie zusammengelebt. Sie können sich denken, in welcher seelischen Verfassung der Fürstensohn beim Tod seines Hofmeisters war."

„Also ganz und gar Gottesleugner?" fragt der Pfarrer mit besorgter Miene. „Vollständig", antwortet die Dame. „Heute ist er 71 Jahre alt, einsam, verbittert, zwar geistreich und wohlgebildet. Ich kenne ihn seit zwanzig Jahren und besuche ihn alle zwei Wochen aus Mitleid, leide aber stets unter seinen Ansichten und seinem Wesen."

„Wir empfehlen den alten Herrn am Sonntag dem Gebetsverein. Vertrauen Sie auf die Mutter der Barmherzigkeit!" – „Ich will vertrauen, aber es braucht ein Wunder." – „Maria hat uns ihre Wundermacht schon oft bewiesen", antwortet der Pfarrer ruhig.

Am Sonntag, dem 7. Mai, wird das Anliegen öffentlich empfohlen. Am 12. Mai besucht die Dame ihren Bekannten wieder. Gleich beim Eintritt sieht sie, daß eine innere Unruhe den Mann bewegt. Seine Gesichtszüge sind merkwürdig nervös gespannt. „Fehlt Ihnen etwas? Sind Sie krank?" fragt die Dame teilnahmsvoll. „Nein, ich befinde mich nicht unwohl, aber seit dem Montag geht mir etwas im Kopf herum, das mich quält. Es bestürmen mich tausenderlei Gedanken, die ich nicht losbringe, und das Auffallende daran ist, daß es religiöse Gedanken sind. Sie können sich denken, wie die zu mir passen!“ Bitter sagt er diese letzten Worte.

Am Sonntag, dem 14. Mai, betet man wieder für den Fürstensohn, und am 19. besucht ihn die Dame von neuem, wenn auch mit Widerwillen. Der Anblick des alten Herrn erschreckt sie. Mit starrem Blick und verzerrten Gesichtszügen schaut er sie an, kaum fähig, sich aufzurichten. Er ist niedergeschlagen und krank, von inneren Qualen aufgerieben.

„Was ist mit Ihnen? Sind Sie krank?“ fragt die Besucherin teilnahmsvoll. „Mehr als krank. Ich leide unaussprechliche Qualen, ich kann’s nicht mehr aushalten! Seit dem letzten Sonntag habe ich Tag und Nacht keine Ruhe mehr. Wenn ich vor Müdigkeit einschlafe, quälen mich die schrecklichsten Träume, bin ich wach, so zermürbt mich die Erinnerung daran. Es kommt mir vor, als werde ich ergriffen, vor einen Richterstuhl geschleppt, zur Rechenschaft über mein Leben aufgefordert und dann verdammt! Ich kann mir nicht helfen – mein Zustand ist schrecklich!“

Der arme Mann weiß nicht, daß Gottes Strahl wie Feuer brennt, welches das Gold von der Schlacke befreit. Er hat keine Ahnung, daß die Gnade wie ein Schwert die Banden durchschneiden muß, die das Herz an die Sünde ketten, und daß dieser unbeschreibliche Schmerz den Anfang der Heilung bedeutet.

„Sehen Sie“, sagt er, „dieses Büchlein beruhigt mich einigermaßen. Ich hab’ es mir von meinem Diener geliehen.“ Erstaunt erkennt die Dame, daß er den Katechismus von Paris in den Händen hält. Sie wagt aber nicht, dem armen Mann einen Rat zu geben, fürchtend, sie könne mit einem unpassenden Wort seinen Zustand verschlimmern. Er klagt weiter: „Ich kann so nicht weiterleben. Wie werde ich die nächste Nacht verbringen? Ich möchte alles tun, um anders leben zu können. Sie haben mir einmal von einer Wunderbaren Medaille gesprochen. Was ist denn das?“

Gerührt, aber vorsichtig erzählt die Dame von den wunderbaren Geschehnissen, welche diese Medaille schon verursacht hat, und fragt den Kranken: „Möchten Sie eine solche Medaille?“ – „Ja, bringen Sie mir eine!“ Mit diesem Wort wird Satans Herrschaft ins Wanken gebracht. Wenn die Frau erscheint, die ihm den Fuß aufs Haupt setzt, muß er fliehen. Noch einmal stürmt er gegen die Festung an, nein, er ist noch in der Festung.

Der Kranke verlebt die furchtbarste Nacht. Unterdessen hat aber Pfarrer Desgenettes schon die Medaille geweiht, die Waffe, welche siegen wird. Überzeugt, daß Maria hier einen mächtigen Triumph feiern wird, betet er inbrünstig für den ihm Unbekannten und schickt die Dame mit der Medaille zu ihm. Beim Eintritt der Dame ins Krankenzimmer wankt der arme Mann ihr entgegen, streckt die Hand nach der Medaille aus, nimmt sie ehrfurchtsvoll entgegen und steckt sie in die Westentasche mit den Worten: „Sie wird mich nimmer verlassen!“

Zum dritten Mal fordert Pfarrer Desgenettes bei der Abendandacht die Gläubigen auf, für den kämpfenden Ungläubigen zu beten, und bittet, man möge die heilige Kommunion in der folgenden Woche in diesem Sinne für ihn aufopfern. Der Kampf zwischen Himmel und Hölle ist auf dem Höhepunkt. Er weiß es, er hat schon zuviel erlebt, mitgebetet, mitgelitten, wenn eine Seele dem Satan entrissen werden sollte.

Am folgenden Freitag macht sich Madame B. wieder auf den Weg zu dem alten Herrn. Mit bangem Herzen betritt sie das vornehme Gemach. Doch wie staunt sie, da der Freund ihr mit frohem Gesicht und freundlichem Blick entgegenkommt. „Was ist geschehen? Sie sehen ja ganz anders aus!“ – „Ja, ich bin auch ganz anders! Das muß ich Ihnen erzählen.“ Und nachdem sich die Dame niedergelassen hat, erzählt er mit folgenden Worten seine Erlebnisse, die von Herrn Pfarrer Desgenettes niedergeschrieben wurden:

„Kaum hatten Sie mich am Samstag verlassen, so war ich von all den finsteren Gedanken befreit, und sie kehrten nicht wieder zurück. Die beiden Nächte von Samstag und Sonntag hab' ich sehr gut geschlafen. Ich fühlte mich wieder in meinen natürlichen Zustand versetzt. – In der Nacht vom Montag auf den Dienstag aber wurde ich sanft aufgeweckt. Als ich die Augen öffnete, erblickte ich mein Zimmer von einem glänzenden Licht erfüllt! Ich staunte darüber und suchte mir die Erscheinung zu erklären. Da nahte sich eine Dame von höchst majestätischem Aussehen, wundervollem und anmutigem Gesicht, in weißem Kleide, die sprach: ‚Es ist Zeit, dem Sündenleben, womit du von Kindheit an die Gerechtigkeit Gottes beleidigst, ein Ende zu machen. Und es ist höchste Zeit, daß du dich bekehrst, um Buße zu tun, weil du, wenn du in gegenwärtigem Zustand sterben würdest, für die Ewigkeit verloren wärest. Willst du dich aber bekehren und beichten und dann bis ans Ende ein neues Leben führen, so verspreche ich dir, daß Gott dir die ewige Seligkeit verleihen wird.‘

Dann verschwand sie. In mir war ein unbeschreibliches Gefühl der Freude und des Staunens. Frieden und Ruhe kamen über mich."

Der Ungläubige wischt sich die Augen – auch die Dame kann ihre Rührung nicht verbergen. Dann erzählt der Herr, daß er den ganzen Dienstag über die Erscheinung nachgedacht habe, ohne sie sich erklären zu können. In den folgenden zwei Nächten sei ihm dasselbe wieder passiert. Er wurde aufgeweckt, und die weiße Dame besuchte ihn mit denselben Ermahnungen, den gleichen Frieden hinterlassend.

„Wer mag diese Dame sein? Woher kommt sie? Sie ist so wunderbar, wie ich nie eine sah! Sie kommt aus einer anderen Wirklichkeit, die ich bis jetzt nicht kannte." Langsam und nachdenklich spricht der Kranke diese Worte. „Es ist gewiß Maria, deren Wunderbare Medaille Sie tragen", antwortet die Besucherin und fährt fort: „Ich will Ihnen etwas verraten: Hier in Paris in der Kirche Notre-Dame des Victoires besteht eine Bruderschaft zur Bekehrung der Ungläubigen und Sünder. Dort hat man für Sie gebetet, ohne daß man Sie gekannt hat." – „Ist das möglich? Gibt es so etwas auf der Welt, daß man aus reiner Liebe für fremde Menschen betet? – Und ich habe auch zu diesen gehört? Ich will alles tun, aber ich weiß nicht, wie. Einmal habe ich einen irischen Priester gekannt, er ist wahrscheinlich noch in Paris."

Nach längerem Hin- und Herraten kommen die beiden überein, die Besucherin möge alles unverzüglich Pfarrer Desgenettes mitteilen und seinen Rat erfragen.

Das Eis ist gebrochen, der Geist der Finsternis gewichen, der Heilige Geist beginnt sein Werk. Unter Pfarrer

Desgenettes kluger Leitung studiert der alte Herr nun eifrig den Katechismus. Und nachdem Pfarrer Desgenettes ihn besucht und in der langen Unterredung viele Irrtümer erkannt hat, welche seinen Verstand noch umnachten, schickt er ihm zum weiteren Studium den »Triumph des Evangeliums«.

Nach kurzer Zeit ist er soweit, daß er tief gesammelt beichtet und das beseligende Wort „Absolvo te" vernimmt, zum erstenmal in seinem Leben. Am 3. Dezember, an seinem 73. Geburtstag, kommt der eucharistische Gott das erste Mal zu ihm. Seliger Friede erfüllt sein Herz. Ja, die Freude stärkt auch den erschlafften Körper so, daß er sich wieder kräftiger fühlt.

Mariens Mutterliebe hat hier ein Werk vollbracht, das menschliches Begreifen völlig übersteigt. „Wer es fassen kann, der fasse es!" Nach der ersten Beichte und Kommunion wirkt auch schon die Gnade ganz auffallend in der Seele des Neubekehrten. Sein gebieterisches, stolzes und hartes Wesen demütigt sich unter das Joch des Kreuzes. Sein Geist nährt sich jetzt vom Geist der Kirche. Seine Zunge, welche er sein Leben lang nur für weltliche Nichtigkeiten, ja für Lästerungen und Bosheiten gebraucht hatte, findet nur noch Geschmack an religiösen Gesprächen und am Gebet.

Der Heilige Geist hat sich vollständig seiner bemächtigt. Gottes Wirken schmerzt ihn heute nicht mehr, es gießt Frieden und Freude aus über die wunde Seele und verwandelt sie zu seinem gefügigen Instrument. Wer aber ist die Ursache dieser Freude? Maria, die Mutter der Barmherzigkeit, die Zuflucht der Sünder!

Erhörungen in verschiedenen Anliegen

Pfarrer Desgenettes wollte den Charakter der Erzbruderschaft darin bewahren, daß er in den öffentlichen Andachten einzig für die Bekehrung der Ungläubigen und Sünder beten ließ und stets den Anwesenden Rechenschaft gab über die täglich vorgekommenen auffallenden Erhörungen.

Diese Eigenart wurde rein bewahrt bis zum Jahre 1840. Der Ruf davon hatte sich so weit verbreitet, daß der Glaube an die wunderbare Macht der Mutter Gottes eine gewaltige Neubelebung erfuhr. Bald kamen Leidgeprüfte aller Art zur Kirche Maria vom Siege. Der heiligmäßige Pfarrer sah nun selber ein, daß er die Grenzen der Bruderschaftsanliegen erweitern mußte, und er gestand später: „Diese Beschränkung gefiel Maria nicht. Die Mutter der Barmherzigkeit will, daß ihre Macht an allen sich offenbare, die von irgendeinem Leid niedergebeugt werden."

*

Ein Familienvater wurde von Wahnsinn befallen, so daß man ihn versorgen mußte. Großes Unglück traf die arme Gattin und ihre zwei Kinder. Am Sonntag, dem 15. März, kommt eine Angehörige der Betroffenen zu Pfarrer Desgenettes und bittet als erste, das schwere Anliegen in der Bruderschaftsandacht vorzubringen. Der Pfarrer weigert sich, weil er immer noch an seiner Meinung festhält, die Bruderschaft sei nur gegründet zur Bekehrung der Sünder. Betrübt vernimmt die arme Mutter diese Nachricht. Sie glaubt mit dem Glauben eines Kindes an die Macht der Mutter Gottes und an das Gebet der Erzbruderschaft.

Wieder fleht man Pfarrer Desgenettes an, den sonst immer Hilfsbereiten. Gerührt von diesem Glauben, mit dem die unglückliche Familie um das Gebet fleht, entschließt er sich, am 17. März das Anliegen vorzubringen.

In der Nacht vom 17. auf den 18. März, also nachdem für den armen Wahnsinnigen gebetet worden war, schläft derselbe ruhig, erwacht bei vollständig klarem Verstand und schreibt seiner Frau einen langen Brief, worin er ganz genau seinen Zustand schildert und sich an die falsche Geschäftsführung der letzten Zeit erinnert und einen Plan aufstellt, wie er den Schaden gutzumachen gedenkt.

Die Frau besucht ihren Gatten, findet ihn gesund und erzählt ihm tief gerührt von der Mutter der Barmherzigkeit, welche die Ursache dieser Heilung sei. Der Familienvater erlitt keinen Rückfall mehr.

Maria, die Trösterin der Betrübten, die Hilfe der Christen, die Mutter der Barmherzigkeit, gießt einen neuen Gnadenstrom über die sorgenbedrückten Menschen aus! Kranke, Geprüfte, Verzweifelte fliehen zu ihr und werden erhört.

*

Ein 15jähriges Töchterchen, das monatelang lahm darniederlag, wird plötzlich geheilt.

*

Ein Knäblein in hoffnungslosem Zustand, von den Ärzten aufgegeben, wird von der liebreichsten Mutter seinen Eltern von neuem geschenkt.

*

Ein Verzweifelter, der schon die geladene Pistole bei sich trägt, um im einsamen Wald seinem Leben ein Ende zu machen, aber von seinen Angehörigen ins Gebet empfohlen wurde, wird mit sanfter Gewalt davon abgehalten. Sein Arm wird plötzlich steif wie eine Eisenstange, und zwar jedes Mal, wenn der Unglückselige die Pistole zur Hand nimmt und an die Schläfe halten will.

*

Ja, es gibt kein Leid in diesem Tränental, das nicht zur Mutter der Barmherzigkeit getragen worden wäre. Und wenn die Erde ein Meer von Blut und Tränen ist, dann überfließt das gütige Herz der barmherzigsten Mutter von Liebe und ergießt sich in dieses bittere Meer, um es zu versüßen. Aber sie wartet auf das Flehen ihrer Kinder, die mit ihren Bitten und ihrem kindlichen Vertrauen alles bei ihr erreichen.

Rührende Beispiele der Macht und Güte Mariens bezeugen Hunderte von Briefen, die Herr Pfarrer Desgenettes erhielt. Als Beispiel sei hier jener eines Familienvaters angeführt:

„Herr Pfarrer! Ich bin Ihnen großen Dank schuldig, denn durch Sie ward ich vor dem größten Übel bewahrt. Ich bin ein Handwerker und Familienvater, habe vier Kinder und bin sehr unglücklich. Seit fünf Jahren leide ich an einer Nervenkrankheit, die mich zur Arbeit unfähig macht, mein Geschäft ins Stocken bringt und meinen Charakter ganz geändert hat. Ich bin niedergeschlagen und mache auch meine Familie unglücklich durch meine Launen und Zornausbrüche. Wohl wünschte ich, anders zu sein, aber der Kampf, den ich unausgesetzt mit mir bestehe, bringt mich zur Verzweiflung. Mehrere Male wollte ich meinem Leben ein Ende bereiten.

Gestern war ich mehr als sonst überdrüssig und gequält. Ich konnte es nicht mehr aushalten, faßte den Entschluß, mich ins Wasser zu stürzen, und wanderte der Seine zu. Dieser Schritt kam mir schwer an, ich fieberte und zitterte, wollte ihn aber unbedingt ausführen.

Abends um 20 Uhr ging ich durch die Straßen und sah die Kirche Unserer Lieben Frau vom Siege offen. Ich ging hinein, um auszuruhen und meine Füße zu stärken. Sie, Herr Pfarrer, predigten über die Leiden und das Vertrauen. Ich hörte zu und dachte: ‚Das läßt sich gut sagen, wenn man weder Leiden noch Mangel hat.' Meine bösen Gedanken aber verminderten sich, ich wurde ruhiger. Die Empfehlung der Sünder hat mich in großes Staunen versetzt. Noch nie hatte ich eine solche Predigt gehört. Ich dachte: ‚Wie er sie liebt! Er spricht ganz aus dem Herzen.'

Der Eindruck war so groß, daß ich an Ihre Worte glaubte. Ich kenne Sie nicht. Man sagte mir, Sie seien der Pfarrer. Ich ging heim, an der Seine vorbei. Meiner Frau erzählte ich nicht, was für einen bösen Streich ich ausführen wollte. Diese Nacht schlief ich ruhig – zum erstenmal.

Ich bitte Sie, Herr Pfarrer, da Sie mir schon so viel Gutes erwiesen haben, mich am Sonntag dem Gebete jener Leute zu empfehlen, welche ich so andächtig beten sah. Ich werde Ihnen mein Leben lang dankbar sein."

Der Wunsch des armen Vaters wurde erfüllt. Man betete für ihn. Bald darauf schrieb er den folgenden dankerfüllten Brief:

„Herr Pfarrer! Wie sehr danke ich Ihnen für die Liebe, mit der Sie mich empfohlen haben. Ich dachte bei mir: ‚Er kennt dich nicht und spricht dennoch von dir, als wärest du sein bester Freund, sein Bruder, sein Sohn.' Ach, nun erst begreife ich die Liebe des katholischen Priesters. Alle

Menschen sind Brüder, weil sie Kinder Gottes sind.

Wollen Sie aber die Größe der Wohltat kennen, die Sie mir erwiesen haben? Sie haben mich wieder zu einem Christen gemacht, denn schon seit langem glaubte ich nicht mehr. Nun will ich alle meine Pflichten wieder erfüllen und hoffe, daß meine Familie und mein ganzes Haus wieder glücklich werden. Ich will nun zur Beichte gehen. – Ich sollte zu Ihnen kommen, aber nach dem, was Sie von mir wissen, wage ich nicht, vor Ihnen zu erscheinen. Ich werde Sie aber immer wieder sehen, denn nie werde ich an Ihrer Pfarrkirche vorübergehen, ohne Gott und der seligsten Jungfrau zu danken. Denn sie hat mich in jenem unglücklichen Augenblick in dieselbe geführt, daher werde ich immer wieder hierher kommen."

„Ich werde immer wieder hierher kommen", so haben sie alle gedacht und gesagt, die von Maria begnadeten Kinder, welche die Süßigkeit ihres Trostes in dieser in Paris sonst wenig bekannten Kirche erfahren durften und vor ihrem Gnadenbild gekniet hatten. Es mutet den Pilger seltsam an, wenn er in diesem Heiligtum die 27000 Votivbilder sieht, welche wie ein ewiges Dankgebet stumm, aber eindringlich das Herz der barmherzigsten Mutter preisen.

Wie viele sind hier als Sünder eingetreten und haben als Kinder Gottes die Kirche verlassen! Wie viele Heilige mögen vor Maria hier gefleht haben? – Man möchte hier bei der Mutter „daheim" bleiben.

So erging es der kleinen heiligen Theresia Martin aus Lisieux, als sie, von ihrem Vater begleitet, die Kirche Notre-Dame des Victoires besuchte. Sie erzählt darüber folgendes: „In Paris zeigte uns Papa alle Sehenswürdigkeiten, aber für mich hatte nur eine einzige Reiz und

Anziehungskraft, und das war das Heiligtum ‚Unserer Lieben Frau vom Siege'. Ich vermag es nicht auszusprechen, was ich an dieser Segensstätte empfand. Es wurden mir Gnaden zuteil, ähnlich jener, die ich am großen Tag meiner ersten heiligen Kommunion empfangen hatte. Mein Herz strömte über vor Glück und seligem Frieden. Hier zeigte mir meine himmlische Mutter, die allerseligste Jungfrau, auch klar und deutlich, daß sie es war, die sich dereinst mir zugeneigt und mich geheilt hatte."

Heute birgt diese Marienkirche wie keine zweite Dankeszeichen aus der ganzen Welt. – Maria siegt überall über den Fürsten der Finsternis. Ihr auffallendster, weitherum bekannter Sieg aber war wohl die plötzliche Bekehrung des Juden Alfons von Ratisbonne aus Straßburg, dessen Bruder Theodor katholischer Priester und der Gehilfe Pfarrer Desgenettes' an der Kirche Notre-Dame des Victoires wurde, wie an anderer Stelle schon bemerkt worden ist.

Die ganz plötzliche, wie ein Blitz aus heiterem Himmel anmutende Umwandlung eines jüdischen Bankiers hat seinerzeit die Menschen Europas in Erregung gebracht, die einen zu jubelnder Freude, die anderen zu noch schärferem Haß. Darum verdient diese Bekehrungsgeschichte erzählt zu werden, denn keine andere könnte uns deutlicher den herrlichen Triumph der Mutter der Barmherzigkeit vor Augen führen.

* * *

IV. Die Bekehrung des Juden Alfons von Ratisbonne

Nachfolgender Bericht ist den Schriften des französischen Barons Theodor von Bussières, Guido Görres und den Briefen des Bekehrten selbst entnommen. Sie wurden 1842 von P. Laurenz Hecht von Einsiedeln in deutscher Sprache herausgegeben. Baron von Bussières sagt im Vorwort: „Ich erzähle eine unbestreitbare Tatsache. Ich sage, was ich mit meinen eigenen Augen gesehen habe, was viele ehrenwerte Zeugen bestätigen können: Ein Mann betritt eine Kirche als jüdischer Weltmann und verläßt sie zehn Minuten darauf als Katholik dem Herzen und dem Willen nach!“

Die Familie Ratisbonne aus Straßburg

Fünf Brüder und drei Schwestern waren die Freude und der Stolz der Familie Ratisbonne, einer reichen und angesehenen Handelsfamilie in Straßburg. Ihr Sohn Alfons, am 1. Mai 1814 geboren, wurde für seine ersten Studienjahre ins königliche Kollegium von Straßburg geschickt, später einem vornehmen protestantischen Institut übergeben, wo adelige Söhne aus Deutschland und dem Elsaß ihre Erziehung genossen. Er selbst sagt später von beiden Schulen, daß sie mehr dazu bestimmt waren, die jungen Menschen für das modische Pariser Leben heranzubilden, als für ernstliches Studium und gediegene Erziehung zu sorgen.

Alfons wurde in der modernen, ganz ungläubigen Umgebung zu einem Weltmann erzogen. Was noch fehlte, gaben ihm Paris und die Pariser Universität. Er war ein liebenswürdiger junger Mann, verwöhnt und geehrt von Freunden und Verwandten, konnte, da seine Eltern früh starben, über ein großes Vermögen verfügen und sich jeden Lebensgenuß erlauben.

Die Geschwister liebten sich gegenseitig innig. Die edle Mutter hatte ihren Kindern viel Tugendhaftes ins Leben mitgegeben. Den Glauben seiner Eltern hatte Alfons aber längst verloren. Er dachte nicht mehr über solche Dinge nach, sondern stürzte sich in das tolle Treiben des Pariser Lebens und war sehr selten in seiner Vaterstadt Straßburg. Ein reicher, kinderloser Onkel hatte ihn für seine Bankgeschäfte herangezogen und erfüllte ihm jeden nur möglichen Wunsch. Er beschenkte ihn mit Pferden, Kutschen, Reisen und überschüttete ihn buchstäblich mit allem, was das Leben schön und genußreich macht.

Und doch bekennt er später aus dieser Zeit: „In meinem Herzen war eine Leere, und ich war beim Überfluß an allen Dingen doch nicht glücklich.“ Der menschliche Geist läßt sich eben nicht mit Gold und sinnlichem Genuß befriedigen, er hungert auch dann noch, wenn ihm Wissenschaft und Kunst geboten werden. Er hungert und muß verhungern, wenn er sich nicht Gott zuwendet, der allein die Herzensleere ausfüllen kann.

Alfons von Ratisbonne hatte eine Braut, die er mit Liebe und Verehrung umgab. Es war seine eigene Nichte, die Tochter seines ältesten Bruders. Er schreibt von ihr: „Sie wuchs mit Anmut unter meinen Augen heran, und ich erblickte in ihr meine ganze Zukunft, die Hoffnung meines Glückes. Man kann sich kaum eine sanftere, anmutigere und liebenswürdigere Tochter denken, als sie es war. Der Anblick meiner Braut erweckte in mir ein gewisses unerklärliches Gefühl für die menschliche Würde. Es erwachte in mir ein Glaube an die Unsterblichkeit der Seele. In der Tat, der Gedanke an sie erhob mein Herz zu einem Gott, den ich nicht kannte, zu dem ich nie gebetet und den ich nie angerufen hatte – und ich war doch nicht glücklich!“

Ein Familienmitglied war Alfons von Ratisbonne verhaßt. Es war dies sein Bruder Theodor, der sich zum katholischen Glauben bekehrt und Theologie studiert hatte. Dieser Bruder aber liebte ihn dennoch. Er war es, der Alfons der Mutter der Barmherzigkeit unaufhörlich im Gebet empfahl und für ihn beten ließ in der Bruderschaft zur Bekehrung der Sünder.

Dieser Bruder erwiderte alle gehässigen Worte nur mit Schweigen oder milden Antworten. Er war, wie wir schon wissen, seit 1841 Vikar des Pfarrers Desgenettes an der Kirche Notre-Dame des Victoires in Paris und kannte die Wunder, die durch Maria dort geschahen. Er durfte die täglichen Dankberichte aus allen Gegenden in Empfang nehmen. Wie hätte er seine Familie vor Maria vergessen können? Dort vor ihrem Gnadenbild beginnt die wunderbare Bekehrungsgeschichte des Weltmannes.

Von Neapel nach Rom

Am 17. November 1841 verreist Alfons von Ratisbonne. Die Ärzte raten ihm zur Stärkung seiner schwachen Gesundheit einen längeren Aufenthalt im Süden. So plant er eine Reise nach Neapel, wo er sich nach Malta einschiffen will, um einige Wochen dort zu bleiben. Im Frühjahr will er den Orient besuchen und dann in die Heimat zurückkehren, um seine Braut heimzuführen. Gottes Wege aber führten ihn ganz gegen seine Pläne nach Rom!

„Allein verreisen und noch so weit! Das erfüllte mich mit schwerer Melancholie.“ Der neblige Novembermorgen entspricht ganz seiner Gemütsstimmung. Doch bald erlebt er Neues und Unbekanntes. In Marseille weilt er einige Tage bei Freunden und Verwandten. Bei stürmischem Meer fährt er nach Neapel.

Als sich das Schiff Civitavecchia, das damals noch zum Kirchenstaat gehörte, naht, erschallt Kanonendonner. Erstaunt darüber erkundigt sich Ratisbonne. „Es ist das Fest der Unbefleckten Empfängnis!“ Er zuckt die Achseln, ärgert sich an der Torheit der Katholiken und ahnt nicht im geringsten, daß auch er schon bald zu Füßen der Jungfrau knien wird. Nein, Rom will er nicht besuchen, es widersteht ihm, die Stadt des Papstes zu sehen.

Am 9. Dezember steigt er in Neapel an Land. Angezogen von der Pracht des Südens gedenkt er, längere Zeit hierzubleiben. Besuche, Vergnügungen aller Art, Briefe schreiben und Briefe empfangen, das füllt die Tage aus. Baron von Rothschild, ein reicher Freund, begleitet ihn.

Am Neujahrstag 1842 überkommt den jungen Weltmann eine tiefe Wehmut. Er sehnt sich nach den Seinen, sehnt sich nach irgend etwas Großem und Schönem. In dieser Stimmung schlendert er durch die morgendliche Stadt und steht auf einmal vor den Toren einer Kirche. Er geht hinein in das dämmerige Halbdunkel, lehnt sich an eine Säule und überläßt sich der Ruhe und Schönheit des Ortes. Er betet nach seiner Art: für seine Braut, seinen Onkel, die längst verstorbenen Eltern, für sein Volk, die Juden. Er gesteht später: „Meine Traurigkeit verschwand wie eine dunkle Wolke. Mein Inneres, von einer unaussprechlichen Ruhe erfüllt, fühlte einen Trost, als hätte mir eine Stimme zugerufen: ‚Dein Gebet ist erhört!' "

Er verläßt die Kirche und sucht das Postgebäude, um sich einen Platz im Eilwagen nach Palermo zu sichern. „Hier werden die Plätze für die Post nach Rom bestellt", gibt man ihm zur Antwort. Ohne es eigentlich zu wollen, läßt er sich einschreiben für eine Fahrt nach Rom. Es ist der 5. Januar. Er macht sich selber Vorwürfe wegen seines Wankelmutes und nimmt sich fest vor, am 20. Januar wieder in Neapel zu sein. – Gottes Wege sind wunderbar!

Bei Baron von Bussières

Alfons von Ratisbonne fühlt sich anfänglich einsam in Rom. Er hastet unruhig von einem Kunstdenkmal zum anderen, schreibt bittere Spötteleien über die Katholiken in sein Tagebuch und sehnt sich danach, möglichst bald wieder abzureisen.

Als er am 8. Januar durch eine Straße geht, hört er auf einmal seinen Namen rufen. Er wendet sich um und erkennt seinen Jugendfreund Gustav von Bussières, mit welchem er einige Studienjahre verbracht hatte. Das Wiedersehen ist froh und herzlich. Gustav von Bussières läßt seinen wiedergefundenen Kameraden nicht mehr von sich gehen. Er führt ihn heim in seine Familie, wo er dem Vater und den übrigen Angehörigen vorgestellt wird.

Als Ratisbonne mit Gustav den großen Saal des vornehmen Hauses betritt, begegnet er zum erstenmal dessen ältestem Bruder, Baron Theodor von Bussières. Mit unangenehmen Gefühlen begrüßt Alfons den Gelehrten, mit dem er zwar noch nie persönlich in Berührung gekommen, dessen Name ihm aber bekannt war. Abneigung erfüllt ihn gegen diesen Baron, von dem er weiß, daß er vom Protestantismus zur katholischen Kirche übergetreten und seither ein vertrauter Freund seines leiblichen Bruders ist. Das einzige, was ihn an dem neuen Bekannten interessiert, sind seine Reisebücher über den Orient und Sizilien. So nimmt er auch mit Höflichkeit die Einladung des Barons entgegen und verspricht ihm seinen baldigen Besuch.

Die nächsten Stunden und Tage sind wieder angefüllt mit Vergnügungen und Besuchen aller Art. Gustav von Bussières begleitet seinen jüdischen Freund auf den Fahrten und Gängen. Oberflächlich und spöttelnd machen die beiden, der Jude wie auch der Protestant, beständig lächerliche und ehrfurchtslose Bemerkungen über alles, was sie in Rom an den Papst und die Kirche erinnert. Bitteren Haß gegen das Christentum entfacht in Ratisbonne der Anblick des jüdischen Elendsviertels (Ghetto).

„Ich konnte des Hohnes und Schimpfens gar nicht satt werden“, gesteht er. „Ein Schauer durchfuhr mich, und ich sagte mir, ob ein ganzes Volk eine so barbarische Behandlung und ein so unaufhörliches Vorurteil verdiente, weil es vor achtzehn Jahrhunderten einen einzigen Menschen getötet habe.“

Am 15. Januar bestellt der junge Herr seinen Platz im Postwagen nach Neapel und will am 17. morgens um 3 Uhr der Stadt, die in ihm so unangenehme Eindrücke hinterläßt, den Abschied geben. Nacht soll es sein, wenn er geht, damit er nicht die sonnenbestrahlte Peterskuppel noch vor seinen Augen haben muß. Nacht ist es in ihm, und er sieht nicht, daß die sanfte Morgenröte bereits über seinem Leben aufsteigt.

Die zwei letzten Tage sind angefüllt mit Abschiedsbesuchen. Der unangenehmste ist jener zu Baron Theodor von Bussières. Am liebsten möchte er sich dieser Aufgabe entziehen. Er glaubt es damit tun zu können, indem er einen Abschiedsgruß auf einem Billet einem Bediensteten des Hauses überreicht. Zu seinem Ärger versteht der Diener nicht Französisch, öffnet die nächste Türe und läßt Ratisbonne in ein Wohnzimmer der Familie eintreten. Mit erzwungenem Lächeln begrüßt er nun die Baronin mit ihren zwei Töchtern. Herzlich wird er von Baron von Bussières empfangen, als wäre er ein alter Freund dieser Familie und nicht ein feindlich gesinnter Mensch.

Zuerst ergeht man sich in gewöhnlichen Höflichkeitsformeln. Dann erkundigt sich der Baron von Bussières nach den Eindrücken, die Rom auf Alfons gemacht hat. „Einzig eine Kirche hat mich besonders gefesselt", erwidert der Jude, „die Kirche Ara Coeli auf dem Kapitol. Ich habe dort eine mir unerklärliche Gemütsbewegung erlebt." – „Es war also doch eine katholische Kirche, die einen so tiefen Eindruck auf Sie machte?" fragt Bussières erfreut.

Aber enttäuscht vernimmt er nur abweisende, spöttische Worte als Antwort darauf. Bitter beklagt sich Ratisbonne über die Unterdrückung der Juden. „Besser ist's, auf der Seite der Unterdrückten als der Unterdrücker zu sein. Ich bin ein geborener Jude und will als solcher sterben!"

Baron von Bussières und seine Frau wechseln einen verständnisvollen Blick. Seit Ratisbonne in Rom ist, haben sie den innigen Wunsch, den Bruder ihres liebsten Freundes für den katholischen Glauben zu gewinnen. In mancher Abendstunde wurde dieser Gedanke gegenseitig besprochen. Die Baronin, eine tieffromme Frau, hat als erste Maria angerufen, damit das Wunder geschehe, denn ohne ein Wunder der Gnade würde nie daran zu denken sein, daß aus einem solchen Juden ein Christ werden könnte.

Auf das Wort Ratisbonnes: „Ich bin ein geborener Jude und will als solcher sterben", beginnt der Baron in feiner Weise über die katholische Religion zu sprechen, erhält aber nur die abweisende Antwort, daß sie törichter Aberglaube sei. Nun entwickelt sich ein merkwürdiges Gespräch, denn Bussières sagt später, daß ein ganz außerordentlicher Gedanke, ein Gedanke vom Himmel, ihn nicht mehr losließ, der Gedanke an die Wunderbare Medaille.

Außerordentlich ist diese Idee zu nennen, wenn wir uns die Personen vorstellen: Der reiche jüdische Bankier – Freigeist, Weltmann durch und durch – auf der einen Seite, die vornehme Familie Bussières – der Baron ein bekannter Gelehrter und Schriftsteller, ein frommer Katholik – auf der anderen Seite.

Bussières sagt zu Ratisbonne: „Da Sie ein so starker Geist sind, den Aberglauben verabscheuen und sich über alle äußeren Formen der Religion hinwegsetzen, hätten Sie den Mut, eine ganz unschuldige Probe zu bestehen? Sie sollen etwas, was ich Ihnen geben werde, auf dem Leibe tragen." – „Was soll denn das sein?" – „Bloß diese Medaille hier!" Er zeigt dem Juden die Medaille der unbefleckten Jungfrau. Mit einer heftigen Gebärde und unwilliger Miene weist Ratisbonne ihn ab.

„Aber nach Ihrer Ansicht", fährt der Baron fort, „muß es Ihnen als Freigeist vollständig gleichgültig sein, was Sie tragen – mir hingegen würden Sie ein großes Vergnügen bereiten." Jetzt lacht Ratisbonne hell auf. „Wenn es so ist", sagt er halb scherzend, halb spottend, „will ich Ihren Wunsch erfüllen. Ich kann Ihnen dadurch beweisen, wie unrecht man den Juden tut, wenn man sie der Hartnäckigkeit und des Starrsinns beschuldigt. Zudem liefern Sie mir da einen köstlichen Stoff für mein Tagebuch."

Mit solchen Bemerkungen fährt Alfons eine Weile fort. Sie verwunden die gläubigen Herzen Bussières' und seiner Gemahlin. Unter Lachen und Spottreden läßt sich Ratisbonne die geweihte Medaille an einem Band um den Hals hängen. „Zudringlicher Sonderling", schilt er im Innern den Baron von Bussières. Dieser wiederum weiß nicht, woher ihm der Mut kommt, mit dem er Ratisbonne bearbeitet. Er spürt in seinem Innern nur, daß er, wie unangenehm die Sache ihm auch ist, jetzt handeln muß.

Nun beginnt er aber sein noch schwereres Vorhaben. Er will Ratisbonne dazu bewegen, das „Memorare", d.h. das „Gedenke, o gütigste Jungfrau" zu sprechen. Wie soll er das anfangen? – „Wir müssen die Probe noch vollständig machen", fährt Bussières lächelnd fort, „Sie müssen morgens und abends einen Dankspruch lesen, es ist dies ein kurzes, kräftiges Gebet des heiligen Bernhard." – „Lassen wir nur diese Torheiten!" sagt Ratisbonne unwillig. Der Name Bernhard entfacht in ihm wieder den alten Haß gegen seinen Bruder, der über diesen Heiligen ein Werk geschrieben hat.

Aber mit wirklich sonderbarer Zudringlichkeit, die er sich selber nicht erklären konnte, fährt Bussières fort mit seinen Bitten. „Sie werden es doch tun, ich weiß es. Sonst beweisen Sie ja die Hartnäckigkeit der Juden – und die ganze Probe ist nichts. Schreiben Sie dieses Exemplar ab, denn es ist das einzige, das ich besitze." – „Gut, geben Sie's her! Nützt es nichts, so schadet's nichts." Mit bitterem Lächeln steckt Ratisbonne das Blatt zu sich. „Ich werde Ihnen mein Exemplar übergeben und dieses behalten."

Ratisbonne erhebt sich, um die für ihn unangenehme Unterhaltung abzubrechen. Er murmelt etwas vor sich her von Unbescheidenheit und Zudringlichkeit, verabschiedet sich aber höflich von der ganzen Familie. Nachdem er das Haus verlassen hat, schauen sich der Baron und seine Frau wehmütig an. Zu den Kindern geneigt, flüstert die Mutter: „Kinder, betet heute abend ein ‚Ave Maria' für die Bekehrung dieses Herrn."

Ratisbonne besucht ein Theater und vergißt die Medaille und das Gebet. Bussières' Kinder falten ihre Hände und beten in unschuldigem Kinderglauben mit ihrer Mutter für den Juden. Der Baron aber, der von einem unerklärlichen Eifer beseelt ist, eilt spätabends noch in das Hotel Ratisbonnes, um ihn von seiner Abreise abzuhalten. Da er ihn nicht antrifft, schreibt er auf ein Kärtchen eine Einladung für den morgigen Sonntag.

Es ist Nacht. Müde kommt Ratisbonne in sein Zimmer. Da fällt ihm ein, was er Bussières versprochen hat. Er ist ein Ehrenmann und hält sein Versprechen. Unwillig setzt er sich an seinen Schreibtisch und schreibt, ohne dabei etwas zu denken: „Gedenke, o gütigste Jungfrau Maria, daß es noch nie gehört wurde, daß jemand, der zu Dir seine Zuflucht nahm, deine Hilfe anrief und um deine Fürbitte flehte, von Dir verlassen worden sei. Von solchem

Vertrauen beseelt, werfe ich mich in Deine Arme, o Jungfrau der Jungfrauen und Mutter. Und seufzend unter der Last meiner Sünden falle ich Dir zu Füßen. Verschmähe nicht meine Worte, sondern höre sie gnädig an und erhöre mich. Amen."

Geplante Abreise wird verschoben

Am Morgen macht sich Ratisbonne reisefertig, läßt seinen Paß unterzeichnen und begibt sich gegen 11 Uhr zu Baron von Bussières, um Abschied zu nehmen und ihm sein Gebet zu bringen. Er liest es nochmals durch, um herauszufinden, was denn Besonderes daran sei, und steckt es kopfschüttelnd wieder ein. Merkwürdigerweise kann er es sich aber nicht mehr aus dem Kopf schlagen. Wie eine Melodie uns verfolgen kann, so ergeht es Alfons mit den Worten des „Gedenke".

Während er durch die Straßen Roms schlendert, geht ihm das Gebet beständig durch den Sinn. Er will sich davon losmachen, wie man sich von lästigen Fliegen zu befreien versucht. Je mehr er sich aber dagegen wehrt, um so hartnäckiger tanzen die gleichen Worte wie Fliegen in seinem Geist umher: „Gedenke, o gütigste Jungfrau, daß es noch nie gehört wurde ..."

Im Hause Bussières wird er herzlich empfangen. Er erwidert unbefangen und höflich: „Nun, ich hoffe, Sie werden nicht mehr an Ihre gestrigen Träumereien denken. Ich komme, um Abschied zu nehmen, diese Nacht reise ich noch ab!" – „Meine Träumereien! Was Sie so nennen, beschäftigt mich mehr denn je. Und was Ihre Abreise betrifft, sprechen wir nicht davon, sie muß unbedingt um acht Tage verschoben werden!" Ratisbonne wehrt ab:

„Unmöglich! Mein Platz ist schon bestellt!“ – „Was tut das zur Sache? Kommen Sie mit mir zum Postamt. Wir melden Sie ab!“ – „Nein, nein, diesmal verreise ich ganz bestimmt“, beharrt nun Ratisbonne auf seiner Meinung.

Recht hartnäckig, halb lachend und doch bestimmt antwortet der Baron: „Ganz bestimmt verreisen Sie nicht, und sollte ich Sie auf meinem Zimmer einsperren.“ Dann macht er ihm klar, daß er Rom ja noch gar nicht kenne, wenn er den Papst nicht gesehen habe, und daß nächstens in der Peterskirche eine große Feier stattfinde, die er unbedingt miterleben müsse. Ratisbonne fängt an zu zögern, und Baron von Bussières zieht ihn mit sich fort zur Post.

Später schreibt Alfons staunend über die geheimnisvolle Macht, die ihn ganz gegen seinen Willen in Rom zurückhielt: „Was war es denn, guter Gott, was war das für eine unwiderstehliche Gewalt, daß ich tun mußte, was ich nicht wollte?“

Die Reise ist also wieder hinausgeschoben. Ratisbonne macht mit dem Baron, der ihm mit seiner Aufdringlichkeit zutiefst zuwider ist, einen Spaziergang. Sie besichtigen zwei Kirchen, jene der Augustiner und der Jesuiten. Das höhnische Gesicht des jungen Juden verrät Bussières dessen Haß gegen die Jesuiten.

Am Abend kann sich der Baron nicht mehr seinem Schützling widmen, da er beim Fürst Borghese zur Tafel geladen ist. In dieser vornehmen Gesellschaft trifft Bussières seinen väterlichen Freund, den Grafen De la Ferronais, ein ehemaliger Minister von Frankreich. Bussières erzählt ihm von seiner neuen Bekanntschaft mit Alfons von Ratisbonne und die Geschichte mit der Medaille sowie dem Gebet „Gedenke“.

Erstaunt fragt der Graf, wie er denn so ohne jeden äußeren Anlaß einem Juden die Medaille umhängen konnte und ihn eigentlich überfallen habe mit dem „Gedenke". – „Ich konnte in diesem Augenblick nicht anders handeln. Eine höhere Macht drängte mich mit Gewalt dazu", antwortet der Baron. „Ich verstehe", erwidert der Graf: „Hoffen wir, daß er sich bekehrt und noch viele andere. Ich werde für ihn beten."

Es ist das letzte Wort, das Bussières aus dem Munde seines väterlichen Freundes vernimmt, denn der folgende Tag ist sein letzter Tag auf Erden. Am Abend des 17. Januar wird er plötzlich aus dieser Welt abberufen.

Mehr Jude denn je

Baron von Bussières widmet sich dem neuen Bekannten soviel er kann. Der 17. Januar vergeht mit großen Spazierfahrten. Ratisbonnes natürliche Fröhlichkeit scherzt bei allem, was er sieht und erlebt. Kein ernstes Wort kommt von seinen Lippen. Versucht der Baron das Gespräch auf religiöse Dinge zu lenken, so vernimmt er nur ein Spötteln, denn gerade des Barons Unterfangen reizt Alfons bis zum äußersten.

Am Dienstag, den 18. Januar, wird Bussières in aller Frühe mit der Trauernachricht vom Tode des Grafen De la Ferronais aufgeweckt. Sofort verläßt er seine Familie, um den Trauernden beizustehen und die entsprechenden Anordnungen zu treffen. Der Baron trauert um seinen Freund wie ein Sohn um den Vater, dennoch kehren seine Gedanken immer wieder zurück zu Ratisbonne. Er möchte die Augenblicke der Ruhe damit verbringen, um an der Leiche des verehrten Heimgegangenen zu beten, und fühlt doch ein Drängen in sich, den jungen Juden nicht zu verlassen.

In diesem inneren Zwiespalt öffnet er sich dem Abbé Gerbet, jenem Priester, der der Familie De la Ferronais in ihrer Trauer beisteht. „Gehen Sie“, rät dieser, „setzen Sie ihr Werk fort. Hierdurch erfüllen Sie die Absichten des Herrn De la Ferronais, der mit großem Eifer für die Bekehrung des jungen Mannes gebetet hat.“

Bussières widmet sich aufs neue dem Juden. Er führt ihn zu den Kunstdenkmälern und Altertümern der Stadt und sucht immer wieder das Gespräch auf ernste Dinge zu wenden. In der Kirche San Stefano Rotondo, wo Märtyrer in ihren grausamen Qualen abgebildet sind, fühlt sich Alfons abgestoßen. Er gesteht, daß es für ihn unbegreiflich sei, wenn Menschen sich für den finstersten Aberglauben derart martern ließen.

Der Baron fühlt die unüberbrückbare geistige Kluft zwischen ihm und Ratisbonne. Er steigert seine Hoffnung im Bangen um die Seele des jungen Mannes. Während sie zusammen von einem Hügel aus ihre Blicke über die Stadt, die Campagna und die Sabiner Berge schweifen lassen, lobt Alfons entzückt die Schönheit Italiens, wendet sich dann aber unverwandt an seinen Begleiter mit den Worten: „Geben Sie Ihre Bekehrungsversuche auf! Ich bin vielleicht heute mehr Jude denn je. Ich wundere mich nur, daß Sie soviel Ruhe und Geduld aufbringen für mich.“ – „Wie heftig Sie sich auch dagegen aussprechen“, erwidert Bussières ruhig, „Sie werden doch noch Christ, und sollte Gott dafür einen Engel des Himmels senden müssen.“ – „Oh, das müßte er auch“, lacht Ratisbonne, „anders wird die Sache schwerlich gehen“ – und er ahnt nicht, daß nicht nur ein Engel, sondern die Königin der Engel selber sich herablassen wird zu dem armen Spötter.

Bei der Scala Santa, der Heiligen Stiege, über die Christus nach der Tradition zu Pilatus hinaufgeführt wurde, nimmt Bussières seinen Hut ab und bezeugt ihr mit einer Verbeugung seine Ehrfurcht. Alfons kann sein Lächeln nicht verbergen. Er gesteht in seinem Bericht: „Welchen Eindruck diese Ehrenbezeugung gegen eine Stiege auf mich machte, das auszusprechen wäre etwas Unmögliches. Ich lachte darüber als über etwas ganz Unsinniges." Ruhig sagt der Baron: „Seien Sie versichert, in Kürze werden wir die Heilige Stiege miteinander verehren."

Gegen Mittag verläßt Bussières den Juden. Alfons ist mehr als gereizt durch die überlegene Ruhe des Barons. Baron von Bussières eilt ins Haus De la Ferronais. An der Leiche seines Freundes gilt sein Gebet dem Juden.

Ratisbonne rüstet sich zur Abreise, die er endgültig auf den 22. Januar festlegt.

Der große Tag der Gnade

Am Abend des 19. Januar legt sich Ratisbonne ermüdet nieder. Nachmittags hatte von Bussières sich ihm wegen der Anordnungen für das Leichenbegräbnis seines Freundes nicht mehr widmen können.

Unbefriedigt von all den Nichtigkeiten, mit denen er die Stunden ausgefüllt hat, will Ratisbonne jetzt schlafen. Aber immer kommen ihm die Worte in den Sinn: „Gedenke, o gütigste Jungfrau Maria." Zornig wehrt er sie ab – umsonst. Sie verfolgen ihn gleichsam, bis er endlich in einen unruhigen Schlaf versinkt. Um Mitternacht fährt er auf, starrt vor sich hin, wendet sich nach rechts und nach links. Ein großes, schwarzes Kreuz steht vor seinen Augen, ein Kreuz von eigentümlicher Form, ohne Christus. Er ist vollständig wach und wehrt sich gegen dieses Kreuz. Umsonst! Des Kampfes müde, schläft er wieder ein.

Am Morgen, da schon die Sonne sein Zimmer erhellt, erhebt er sich und denkt nicht mehr an das sonderbare Gesicht. Er setzt sich an den Tisch, um Briefe zu schreiben. Später, da er an diesen Morgen zurückdenkt, sagt er: „Wenn jemand mir am Morgen gesagt hätte: Als Jude bist du aufgestanden, als Christ wirst du dich niederlegen – ich hätte ihn für den größten Narren gehalten!"

Ratisbonne frühstückt im Gasthof, trägt darauf seine Briefe selbst zur Post und besucht seinen Freund Gustav von Bussières, der nach einem mehrtägigen Jagdausflug nach Rom zurückgekehrt ist. Dieser ist erstaunt, Alfons noch hier zu sehen. Mit Witzen und spöttischen Reden über das „heilige Rom" und den „heiligen Papst" vertreiben sich die beiden – der Jude und der Protestant – die Zeit.

Um 11 Uhr verläßt Ratisbonne seinen Freund und besucht ein Café an der Piazza di Spagna, wo er die neuesten Zeitungen durchgeht. Bald setzt sich Humann, der Sohn des französischen Finanzministers, zu ihm, und fröhlich unterhalten sich die beiden über Paris, Kunst und Politik. Ein weiterer Bekannter tritt ein, Alfred von Lotzbeck. Die drei besprechen nun die Fastnachtslustbarkeiten, Abendgesellschaften und die kommende Hochzeit Ratisbonnes.

In diesem Zustand also ist der junge Mann am großen Tage seines Lebens, wo Gott ihn erfassen und umwandeln wird. Es ist 12 Uhr mittags. Ratisbonne verläßt das Café, um sich bei Baron von Bussières zu verabschieden. Kaum hat er die Piazza di Spagna überquert, hält ein Wagen an, und der Baron ruft ihm freundlich zu: „Steigen Sie ein zu mir! Ich hätte nicht Zeit gehabt, länger zu warten, da ich in der Nähe etwas Dringendes besorgen muß.“ Ratisbonne nimmt das Anerbieten an.

Kaum sind sie einige Minuten gefahren, hält der Kutscher vor der Kirche des heiligen Andreas an. Bussières entschuldigt sich: „Ich habe nur einige Minuten hier zu tun. Wollen Sie im Wagen warten?“ – „Nein, ich steige aus, um die Kirche zu besichtigen.“ Die beiden Herren verlassen die Kutsche und betreten die Kirche, wo man gerade mit Zurüstungen für ein Leichenbegräbnis beschäftigt ist.

„Wem gilt dies?“ fragt Ratisbonne. „Einem meiner besten Freunde, dem Grafen De la Ferronais. Sein schnelles Hinscheiden ist der Grund der Trauer, die Sie an mir seit zwei Tagen wohl bemerkten.“

Ein gewisses Unbehagen befällt Ratisbonne, wie man es stets empfindet, wenn von plötzlichen Todesfällen gesprochen wird. Weiter denkt er über die Sache nicht nach und geht gleichgültig durch die Kirche, während Bussières ihn für kurze Zeit verläßt, um im Kloster seinen Auftrag auszurichten. Er schaut nochmals zurück zu Alfons. Dieser steht auf der rechten Seite, wo ein Platz für den Sarg bestimmt ist.

Es ist sonst niemand da. Ratisbonne langweilt sich an dem stillen Ort, wo nicht ein einziges Kunstwerk ihn zu fesseln vermag. Plötzlich springt ein schwarzer Hund um seine Füße und hüpft an ihm empor. Eine merkwürdige

Unruhe ergreift ihn. Er will den Hund abwehren, aber die Kirche versinkt, die Welt versinkt ...

Alfons liegt auf den Knien – zum ersten Mal in seinem Leben. Er sieht nichts mehr von allen irdischen Dingen. Ein wunderbares Licht umstrahlt ihn und erhellt die Seitenkapelle. Mitten in dem Lichte steht die heiligste Jungfrau, majestätisch, wunderbar, voll Lieblichkeit und unsagbarer Schönheit. Mit einem Neigen ihres Hauptes, mit einer Bewegung ihrer leuchtenden Hand zwingt sie den stolzen Menschen in die Knie. Mit ihrer barmherzigen, überströmenden Mutterliebe öffnet sie sein Herz und erfüllt es mit Schmerz und Wonne, so daß es erschüttert wird in seinem tiefsten Innern.

Alfons weint! Wortlos schaut sie ihn an mit einem Blick des Wissens und der unsagbarsten Güte. Er versteht alles! Dreimal erhebt Ratisbonne seine Augen, um nochmals in das Antlitz der allerseligsten Jungfrau schauen zu können, wie im ersten Augenblick der Erscheinung. Dreimal aber zwingt ihn eine unwiderstehliche Macht, den Blick niederzuschlagen. Er sieht nur die Hände Mariens, die Strahlen wie leuchtende Garben über ihn aussenden. Und er weiß es jetzt, daß dies Gnade ist. Er, der in seinem Leben nie wußte, was dieses Wort bedeutet, plötzlich weiß er es. Die Braut des Heiligen Geistes steht ja selber vor ihm und bewirkt durch ihre Fürbitte eine vollständige Umwandlung seines Wesens.

„Siehe, ich sende meinen Geist, und sie werden neu geschaffen." – Der Spötter ist verstummt. Sein Mund wird von nun an nie genug Gott loben können, sowie die barmherzige Mutter, die ihn durch ihre Liebe besiegt hat. Zerschlagen ist der Stolz und zerbrochen aller eitle Wahn. Die

Wahrheit selbst leuchtet auf, und der Geist Gottes durchdringt die innersten Herzensgeheimnisse.

In Tränen aufgelöst wie außer sich, kniet Ratisbonne noch da, als der Baron von Bussières ihn abholen will. Er findet ihn nicht an jenem Platz, wo er ihn verließ. Es mögen 10 bis 12 Minuten vergangen sein. Hat sich Alfons vielleicht zum Wagen begeben?

Der Baron durchschreitet die Kirche. Da sieht er in der Seitenkapelle, die dem Erzengel Raphael geweiht ist, eine kniende Gestalt, ganz in sich versunken, das Antlitz mit beiden Händen bedeckt. Bussières betrachtet den Knienden. Sollte das Alfons sein? Unmöglich! Leise tritt er im Dämmerlicht der Kirche näher hin. Mein Gott! Er ist es! Er ruft ihn – keine Antwort. Nochmals ruft er ihn lauter beim Namen. Ist der Mann tot?

Bussières klopft ihm auf die Schultern – er kann ihn nicht wecken. Ein zweites und drittes Mal versucht er es. Endlich wagt er es, das gesunkene Haupt aufzurichten. Was muß er sehen? Ein Antlitz in Tränen gebadet, mit verklärtem Ausdruck. Das ist nicht mehr der Jude Ratisbonne. Das erste Wort, welches über die Lippen des Knienden kommt, zögernd und langsam, als müßte er die menschliche Sprache wieder erlernen, ist: „O, wie hat jener Herr für mich gebetet!“

Liebevoll hilft Bussières dem jungen Freund auf und führt ihn aus der Kirche. „Wohin wollen Sie und was haben Sie?“ fragt er beim Tore. Unter Schluchzen und Tränen erwidert Alfons: „Führen Sie mich, wohin Sie wollen, ich gehorche, nachdem ich solches gesehen!“ – „Was haben Sie gesehen? Was ist geschehen?“ erkundigt sich der Baron. Schweigend tastet Ratisbonne nach der

Medaille der Unbefleckten, die Bussières vor einigen Tagen ihm umgehängt hat, küßt sie voll Innigkeit und Ehrfurcht und schaut den Freund mit einem Blick an, der zu sagen scheint: „Sie war es!“

Ratisbonne beschreibt später diese Augenblicke, wo das neue Leben ihn erfaßte: „Ich wußte nicht, wo ich war. Ich wußte nicht, ob ich Alfons oder ein anderer war. Ich nahm eine solch gänzliche Veränderung in mir wahr, daß ich mich für ein anderes Ich hielt. Ich wollte mich wiederfinden, fand mich aber nicht wieder. Aus dem Grund meiner Seele stieg eine begeisterte Freude auf. Ich konnte nicht sprechen, ich wollte nichts offenbaren. Ich fühlte in mir etwas Hehres und Heiliges, das mich drängte, nach einem Priester zu fragen.“

Bussières hilft dem Freund in den Wagen und läßt ihn nach Hause fahren, damit er sich da etwas beruhige. Erst nach und nach löst sich sein Inneres: „O, wie glücklich bin ich! – Wie gütig ist Gott! – Welch eine Fülle von Gnaden und Seligkeit! – Wie sehr sind jene, die es nicht wissen, zu beweinen!“ Erneut kommen ihm Tränen bei dem Gedanken an die Irrgläubigen und seine unglücklichen Glaubensbrüder. Plötzlich fragt er den Baron: „Bin ich etwa ein Narr geworden?“ Doch sogleich beantwortet er selbst seine Frage: „Doch nein, ich bin bei vollen Sinnen. Mein Gott! Mein Gott!“

Um etwas zu ruhen, lehnt sich Alfons zurück und schließt die Augen. Bussières betrachtet ihn und staunt ob der himmlischen Freude, die ihn verklärt. „Gibt es solche Wunder auf Erden?“ fragt er sich bewegt und faltet die Hände zum Gebet. Alfons schlägt die Augen auf, schließt den Baron in seine Arme und bittet ihn: „Führen Sie mich zu einem Beichtvater. Ich möchte die Stunde wissen, da ich getauft werden kann, denn ohne die heilige Taufe kann ich nicht mehr leben. Wie glücklich wäre ich, wenn man mich wie die Märtyrer, die ich gestern verhöhnte, für den Glauben in tausend Stücke hiebe."

„Was haben Sie denn eigentlich gesehen?" fragt Bussières darauf noch einmal. „Ich kann das erst vor einem Priester erklären, der mir dazu die Erlaubnis erteilt, denn das, was ich zu sagen habe, soll und kann ich nur dort auf den Knien sagen."

Nun läßt der Baron den Bekehrten zum Jesuitenkloster fahren und führt ihn zu dem gelehrten und erfahrenen Pater Villefort. Dieser fordert Alfons auf, sich auszusprechen. Ratisbonne, der vor einigen Stunden noch die Jesuiten glühend gehaßt hat, fällt vor dem Pater in Gegenwart Bussières' demütig auf die Knie, zieht die Wunderbare Medaille hervor, küßt sie und ruft unter Tränen: „Ich habe sie gesehen, ich habe sie gesehen!" Bewegt hält er inne.

Nach einigen Augenblicken fährt er fort: „Ich war nur einige Augenblicke in der Kirche, als ich mich plötzlich von einer unaussprechlichen Unruhe ergriffen fühlte. Ich hob meine Augen, das ganze Gebäude war vor meinen Blicken verschwunden. Eine einzige Kapelle hatte sozusagen alles Licht in sich vereinigt. Und in der Mitte dieses strahlenden Lichtes erschien auf dem Altare groß, glänzend, voll Majestät und Lieblichkeit die Jungfrau Maria, so wie sie auf meiner Medaille ist. Eine unwiderstehliche Gewalt zog mich zu ihr hin. Die heilige Jungfrau winkte mir mit der Hand, ich solle niederknien, und sie schien mir zu sagen: ‚So ist's recht.' Sie hat nicht mit mir gesprochen, aber ich habe alles verstanden."

Öfters muß Ratisbonne innehalten bei seinem Bericht, um Atem zu schöpfen. Der Jesuit wie Bussières sind erfüllt von heiliger Freude, denn die Ergriffenheit des Neubekehrten ist so tief und echt. Besonders das Wort: „Sie hat nicht mit mir gesprochen, aber ich habe alles verstanden“, macht einen unbeschreiblichen Eindruck auf die beiden Männer. Der Heilige Geist hat sein Werk ganz getan. Mit seinen Gaben hat er das Innere des Juden erleuchtet und dessen geistiges Auge geöffnet, denn plötzlich erkennt Ratisbonne, was er nie durch eigene Tätigkeit hätte erkennen können. Durch die Gabe der Wissenschaft sieht er die Nichtigkeit der Geschöpfe, durch die Gabe des Verstandes wird ihm die Gnade eines lebendigen, erleuchteten Glaubens zuteil – und durch jene der Weisheit erglüht sein Herz in Liebe und „kostet, wie süß der Herr ist“.

Nachdem Bussières mit seinem ihm nun ganz in Liebe zugetanen jungen Freund das Kloster verlassen hat, verlangt dieser nichts inniger, als eine Kirche aufzusuchen, um Maria dort zu danken. Der Baron führt ihn zur großen Marienkirche, wo die heiligste Jungfrau sich so gnadenreich den armen Menschen zuwendet, und darauf gehen sie in die St. Peterskirche.

Es läßt sich nicht in Worten ausdrücken, von welch heiliger Freude Ratisbonne ergriffen wird. Beim Altar, wo das heiligste Sakrament aufbewahrt wird, erfaßt ihn eine derartige Bewegung von der Gegenwart des lebendigen Gottes, daß er hingesunken wäre, wenn er sich nicht sogleich entfernt hätte. „Schauerlich ist es“, sagt er zu Bussières, „vor dem lebendigen Gott mit der Erbsünde befleckt zu sein.“ Und er flieht in die Kapelle der seligsten Jungfrau.

„Hier habe ich keine Furcht“, flüstert er dem Freunde zu, „ich fühle, daß ich von einem grenzenlosen Erbarmen geschützt bin.“

Beim Grabe des heiligen Apostels Petrus betet Ratisbonne mit glühender Andacht. Hier erzählt ihm der Baron die Bekehrungsgeschichte des heiligen Paulus. Tief bewegt lauscht Alfons den Worten. Zuviel hat der große Tag für ihn gebracht. Die Stunden reichen nicht aus, um Gott genügend zu loben.

Nochmals gehen die Freunde zu Pater Villefort, dem sich der Neubekehrte in völligem Gehorsam unterziehen will. Ihm bekennt er auch, welch mächtiges Band ihn seit der Stunde seiner Bekehrung mit dem verstorbenen Herrn De la Ferronais verbindet, und bittet um die Erlaubnis, die Nacht im Gebet bei dessen Leiche zuzubringen, um seine Dankbarkeit zu bezeigen. „Nein, das ist zuviel für Ihre Kräfte, ein paar Stunden genügen“, lautet die Antwort des Paters, von dem Ratisbonne später schreibt: „Dieser Mann Gottes ist kein Mensch, er ist ein Herz, eine Personifikation der himmlischen Liebe.“

Kurz bevor der Neubekehrte in die Familie De la Ferronais eingeführt wird, eilt Bussières hin, um den Hinterbliebenen die freudige Kunde zu bringen. Eben in dem Augenblick, da die Trauer um den teuren Vater am größten ist, weil er den letzten Abend unter ihrem Dache ruht, betritt Bussières aufgeregt das Totenzimmer. Alle folgen ihm in ein Gemach nebenan, und mit verklärter Freude erzählt der edle Freund, wie der Heimgegangene offenbar dem Juden Ratisbonne eine so große Gnade erfleht habe.

Süßer Trost erfüllt die Angehörigen, und die Gewißheit, daß der Vater im Land der Seligen weile. Rasch holt Bussières den jungen Ratisbonne. Mit tiefer Demut, Dankbarkeit und Rührung kniet dieser bei der Leiche, die ihn am Morgen noch angewidert und abgestoßen hatte.

Es ist längst Nacht geworden. Noch immer kniet Ratisbonne bei der Leiche des Verstorbenen. Um 22 Uhr mahnt ihn Bussières, sich zu erheben. Auf dem Heimweg erkundigt sich der Baron nochmals nach der wunderbaren Erscheinung und deren Wirkung. Erst jetzt vernimmt er, daß Ratisbonne gar nicht wußte, wie er von der rechten Seite der Kirche in die Seitenkapelle gekommen war, wo die allerseligste Jungfrau sich würdigte, ihm zu erscheinen.

„Und was waren Ihre ersten Worte, deren Sie sich erinnern?“ fragt Bussières. „Meine ersten Worte waren Worte des Dankes für Herrn De la Ferronais und für die Erzbruderschaft des heiligen und unbefleckten Herzens Mariä. Ich wußte ganz bestimmt, daß dieser Herr und die Mitglieder der Erzbruderschaft für mich gebetet haben. Ich konnte aber nicht sagen, wie ich solches innewurde. Auch ist es mir unerklärlich, wie ich zur wahren Glaubenserkenntnis gekommen bin.“

Ein neues Leben beginnt

Ratisbonne schreibt von sich: „Ich ging aus einem Grab hervor, aus einem Abgrund der Finsternis und war lebendig, vollkommen lebendig – aber ich weinte. Ich sah in der Tiefe des Abgrundes das entsetzliche Elend, aus dem ich durch Gottes unendliche Barmherzigkeit gerettet worden war. Mir schauderte beim Anblick aller meiner Missetaten, ich war bestürzt, erschüttert, zermalmt vor Staunen und Dankbarkeit. Mit einer unaussprechlichen Freude dachte ich an meinen Bruder. Aber in meine Freudentränen mischten sich Tränen des Mitleids.

Ach, so viele Menschen steigen ganz ruhig hinab in diesen Abgrund. Hochmut und Gleichgültigkeit halten ihre Augen geschlossen. Sie steigen hinab und werden lebendig verschlungen von dieser furchtbaren Finsternis! Und meine Familie, meine Braut, meine armen Schwestern! O herzzerreißende Angst! An euch dachte ich, an euch, die ich liebe – euch galt mein erstes Gebet! Werdet ihr eure Augen nicht aufrichten zum Erlöser der Welt, der mit seinem Blut die Erbsünde getilgt hat? Wie scheußlich ist der Makel dieser Befleckung! Er entstellt das Geschöpf bis zur Unkenntlichkeit, das nach Gottes Ebenbild geschaffen ist."

Welch wunderbares Wissen erfüllt den Juden! Er erkennt plötzlich mit einer Klarheit ohnegleichen die menschliche Seele, ihren Fall, die Gottesferne und die unendliche Barmherzigkeit Gottes in der Erlösung. Ihn schaudert im Gedanken an die Sünde. Noch vor wenigen Stunden wußte er nichts von alledem!

„Man fragte mich, wie ich diese Wahrheiten erkannt habe", sagt Alfons selber. „Dies kann ich nicht sagen. Alles, was ich weiß, ist, daß ich beim Eintritt in die Kirche nichts wußte, beim Austritt aus der Kirche ganz klar sah. Ich kann diese plötzliche Veränderung nicht anders ausdrücken, als durch das Bild eines Menschen, den man plötzlich aus einem tiefen Schlaf weckt – oder durch Vergleichen mit einem Blindgeborenen, der auf einmal das Licht erblickt. Er sieht, kann aber das Licht nicht erklären, das ihn erleuchtet und in dem er die Dinge erblickt, die der Gegenstand seiner Bewunderung sind.

Wie sollte man ein Licht erklären können, das im Grunde die Wahrheit selbst ist?

Ich hatte keine Kenntnis von den Buchstaben der Dogmen, aber ich schaute ihren Sinn und Geist. Ich fühlte sie mehr als daß ich sie sah, und ich fühlte sie durch die unaussprechlichen Wirkungen, die sie in mir hervorbrachten. Und diese Eindrücke, tausendmal schneller als der Gedanke, tausendmal tiefer als das ernsteste Nachdenken, hatten meine Seele nicht nur aufgeregt, sondern in einem entgegengesetzten Sinne, nach einem entgegengesetzten Leben umgewandelt und umgekehrt."

„Die Welt war für mich nichts mehr", sagt der Weltmann. „Die Vorurteile gegen das Christentum waren verschwunden. So sehr hatte die Liebe meines Gottes jede andere Liebe verdrängt, daß mir jetzt sogar meine Braut ganz anders erschien. Ich liebte sie, wie man einen Gegenstand lieben würde, den Gott in seiner Hand hält, wie ein köstliches Geschenk, das durch den Geber noch mehr Wert erhält."

Am liebsten möchte Alfons die Welt verlassen und sich in ein Kloster zurückziehen. Der weise Pater Villefort aber macht ihn darauf aufmerksam, daß solches jetzt nicht der Wille Gottes sei. Wenn auch seine Angehörigen und Freunde, ja die ganze Welt ihn für einen Narren halten und durch Lächerlichmachen und Spottreden beleidigen, so sei das jener Kelch, den Christus seinen Jüngern vorausgesagt habe. Ratisbonne versteht das Wort.

Daraufhin wird er dem Ordensgeneral der Jesuiten vorgeführt. Mit großer Ruhe und Besonnenheit hört dieser den Bericht des Neubekehrten über die Gnade, die ihm in der Kirche des heiligen Andreas zuteil geworden war. In seinem gewohnten Ernst macht der hochgelehrte, erfahrene Priester den jungen Mann auf die schweren Verpflichtungen aufmerksam, die das neue Leben ihm auferlege, und auf die Prüfungen jeglicher Art, die seiner warten.

Auf das Kreuz hinweisend, sagt er die gewichtigen Worte: „Dieses Kreuz, das Sie gesehen haben, müssen Sie nach ihrer Taufe nicht bloß anbeten, sondern auch tragen!“ Doch solche Rede vermag Alfons nicht wankend zu machen. Maria hat ihm auch das Kreuz gezeigt, seine Torheit, die die größte Weisheit ist.

Daraufhin schlägt der Ordensgeneral die Heilige Schrift auf, sucht das zweite Kapitel des Buches Sirach und liest laut:

1. „Mein Sohn, wenn du dem Herrn dienen willst, dann mach dich auf Prüfung gefaßt!
2. Sei tapfer und stark, zur Zeit der Heimsuchung überstürze nichts!
3. Hänge am Herrn, und weiche nicht ab, damit du am Ende erhöht wirst.
4. Nimm alles an, was über dich kommen mag, halt aus in vielfacher Bedrängnis!
5. Denn im Feuer wird das Gold geprüft, und jeder, der Gott gefällt, im Schmelzofen der Bedrängnis.
6. Vertrau auf Gott, er wird dir helfen, hoffe auf ihn, er wird deine Wege ebnen.“

Der Pater schweigt. Alfons erwidert: „Ich will mit Gottes Hilfe diesen Weg gehen. Ich bitte um die Taufe.“ – „Es wird besser sein, diese noch hinauszuschieben“, erhält er zur Antwort. Mit heißer Inbrunst fleht nun der Neubekehrte: „Die Juden, welche die Predigt der Apostel anhörten, wurden sogleich getauft – und ich soll warten, der ich doch die Königin der Apostel angehört habe!“ Mit solchen und ähnlichen Bitten bewegt Ratisbonne die besonnenen Männer und erhält endlich die Zusicherung zur Taufe.

Vor den Augen der Menschen

In einem Kloster hätte sich Alfons mit seinem Glück verbergen wollen. Und plötzlich muß er erfahren, daß man es da und dort weiß, ja allmählich ist er zum Stadtgespräch geworden. Schon beginnt die Prüfung. Ratisbonne hält sich bis zur näheren Vorbereitung zur Taufe im Haus Bussières auf. Doch auch hier suchen ihn die Neugierigen auf, Gelehrte und Ungelehrte, Katholiken und Protestanten. Und immer wieder läßt er sich herbei, wenn es sein muß, und spricht von dem, was er als sein Geheimnis mit einigen wenigen Eingeweihten hätte bewahren wollen.

Die einen loben Gott und die heilige Jungfrau, andere schütteln die Köpfe und halten ihn für einen Querkopf. Die Zweifel aber verschwinden bald bei allen, wenn Ratisbonne mit ihnen redet und sie selbst erkennen müssen, daß er vollständig bei Sinnen ist, ruhig und klar über das Wunder seiner Umwandlung spricht.

Während einer Unterredung mit Pater Villefort begehrt der polnische General Chlapuski Einlaß und begrüßt Alfons mit folgenden Worten: „Mein Herr, Sie haben das Bild der heiligsten Jungfrau gesehen? Sagen Sie mir doch wie?“ – „Das Bild?“ fragt Ratisbonne erstaunt, „Nein, mein Herr, ich habe sie selbst gesehen – in Wirklichkeit, in Person, wie ich Sie hier sehe.“

Unbeschreiblich innig und dankbar fühlt sich der Neubekehrte mit der Familie De la Ferronais verbunden. Diesen edlen Menschen kann er nicht ohne heftige Gemütsbewegung immer wieder das große Wunder erzählen. Er versichert ihnen, daß ihr heimgegangener Vater ihm dasselbe bei der heiligsten Jungfrau erbeten habe. Die Gräfin, gebeugt vom Schmerz des plötzlichen Todes ihres Gatten, richtet sich wieder auf und trägt großmütig ihr Kreuz.

Ganz anders als die eifrigen Katholiken verhält sich Humann, der Sohn des französischen Finanzministers, der wenige Minuten vor der Bekehrung Ratisbonnes sich mit demselben im Café an der Piazza di Spagna im völlig weltmännischen Sinn unterhalten hatte. Auch er hörte von dem Wunder und kommt zu seinem Kollegen. Mit einem sonderbaren Wort begrüßt er denselben. Er sagt: „Dies ist das erste Mal, daß ich Sie in Ihrem Leben verrückt gesehen habe."

Mit diesem Ausspruch aber ist die Sache nicht abgetan, wie er glaubt. Vielmehr muß er, nachdem Ratisbonne ihm das Wunder erzählt und seinen neuen Glauben mit Feuereifer verteidigt hat, einsehen, daß sein Freund nicht den Verstand verloren habe. Er gibt zu, daß er sich dessen Umwandlung nur durch ein Wunder erklären könne.

Und was sagen die Familienangehörigen zu dieser Bekehrung? Alfons schreibt in diesen Tagen Briefe voll Licht, Liebe, Überzeugung und zartester Zuneigung. Baron von Bussières, sein Vertrauensmann, bezeugt, daß er in diesen Briefen an seinen Onkel, seine Braut, seine Geschwister immer wieder auf die wunderbare Dazwischenkunft des Himmels bei seiner Bekehrung hinwies und mit einleuchtenden Beweisen auch die Ungläubigsten überzeugen wollte.

Der einzige aber, der voll tiefstem Herzensjubel diese Nachricht aus Rom aufnimmt, ist sein leiblicher Bruder Theodor. Am Tag vor der Taufe seines Bruders, am Sonntag, den 30. Januar, besteigt er in Paris in der Kirche Notre-Dame des Victoires die Kanzel und spricht zu den versammelten Mitgliedern der Erzbruderschaft. Seine Stimme bebt vor innerer Erregung, da er das Wunder erzählt, daß Maria in Rom sich herabgelassen habe zu einem verstockten Juden, um diesen in einem Augenblick zu bekehren. Als er aber wie benommen von dem, was geschehen war, sagt: „Dieser Alfons, von dem ich spreche, ist mein Bruder", können die Menschen nicht mehr stille sein. Schluchzen und Rufe der Freude durchbrechen die heilige Stille. Maria hat wieder einmal gesiegt über „die alte Schlange". Wohl wurde das Magnificat noch nie aus dankerfüllterem Herzen gesungen als heute, da sie alle, die hier sind, das Wort „Bruder" so recht verstehen, wie es Christus verstanden haben möchte.

Überrascht, enttäuscht nehmen die übrigen Geschwister und der Onkel das Wunder auf, ebenso die junge Braut, von der Alfons nach seiner Bekehrung noch schreibt: „Ich liebe sie noch wie früher, ich liebe sie noch inniger. Wird sie den Glauben, der nun mein Glück ausmacht und die ganze Leere meines peinigenden Zustandes ausfüllt, annehmen und meinem Wort von dem Wunder meiner Bekehrung trauen, so werden wir eine christliche, eine heilige und reine Ehe schließen. Sollte das nicht der Fall sein, dann werde ich der Welt entsagen, um für sie und die Meinigen zu beten."

Die Kluft ist da, sie können ihn nicht mehr verstehen und zu den Ihrigen zählen. Sie legen ihm zwar keine Hindernisse in den Weg und geben ihm die volle Freiheit, aber die Bande der Liebe sind durchschnitten, Schmerz und Kummer zurücklassend. – „Schon ragt des Kreuzes Last empor."

Die feierliche Taufe

Je näher der ersehnte Tauftag herannaht, um so brennender verlangt Ratisbonne nach dem lebendigen Wasser, das den Makel der Erbschuld von ihm abwaschen soll. Er nimmt Abschied von seinem Freund Bussières und dessen Familie, um die letzten Tage vor dem Fest im Jesuitenkloster still zu verbringen. Wie pocht sein Herz, als er die Schwelle der Casa Professa der Jesuiten überschreitet. Hier, wo soviel gebetet und geopfert wurde, will er nun Tage des Gebetes und der Einsamkeit verbringen.

Pater Villefort hat die Aufgabe übernommen, Alfons auf die Taufe vorzubereiten. Zur Zeit der ersten Christen war diese Vorbereitung, wenn nicht Verfolgungen drohten, eine lange und gründliche. P. Villefort aber erkennt, daß Alfons wirklich in einer anderen Schule, bei einem anderen Lehrer alles erlernt hat.

„Sie hat nicht mit mir geredet, aber ich habe alles verstanden." – „Sie", Maria, die weiseste Jungfrau, die mütterlichste Frau, hat sein Herz und seinen Geist diesem „Wissen" erschlossen. Nie zuvor hatte er ein Religionsbuch gelesen, er hatte nur unklare, falsche Vorstellungen vom katholischen Glauben, den er für einen abscheulichen Aberglauben hielt. Und jetzt versteht er die tiefsten Geheimnisse. Er weiß nicht nur um die Erbschuld, er spürt sie wie einen Aussatz. Er glaubt nicht nur an die Gegenwart des eucharistischen Gottes, er wird geradezu erdrückt von diesem heiligsten Geheimnis und wagt es nicht, mit befleckter Seele vor dem Tabernakel zu erscheinen.

Es ist der 31. Januar 1842. Um 8 Uhr schon hat sich die Jesuitenkirche mit Gläubigen gefüllt, die gespannt den Täufling erwarten. Nach einer halben Stunde geht ein Raunen durch die Reihen. Im weißen Kleid der Katechumenen, blaß, mit gesenkten Augen, erscheint Ratisbonne, begleitet von Pater Villefort und Baron von Bussières als Taufpate. Bei der Kapelle des heiligen Andreas warten sie, den Blicken der Neugierigen 30 Minuten ausgesetzt.

Alfons preßt seinen Rosenkranz an die Brust. Hin und wieder betrachtet er die Medaille daran. Der Generalvikar des Papstes selber vollzieht die Zeremonie. Man betet die Psalmen Davids, die den Schrei des Irrenden aus dem Abgrund nach Gott so innig ausdrücken. „Wie der Hirsch lechzt nach frischem Wasser, so lechzt meine Seele, Gott, nach Dir ..." Nach diesen Gebeten schreitet der Bischof unter Begleitung des Klerus zur Mitte der Kirche. Dorthin führen P. Villefort und Baron von Bussières den Täufling.

„Was verlangst du in der Kirche Gottes?" fragt der Generalvikar. „Den Glauben", antwortet Ratisbonne. Es ist so still geworden, daß jedermann seine Antwort hört. Mit bescheidener Festigkeit spricht er diese Worte. Dreimal haucht der Priester ihm ins Gesicht, um den bösen Feind in Bann zu schlagen. Er bezeichnet dann Augen, Ohren, Stirne, Brust und Schulter mit dem Kreuz, dem Zeichen Christi. Er läßt ihn das Salz der Weisheit kosten und spricht die Gebete des Exorzismus über ihn. Der Täufling liegt auf dem Boden. Eine neue Verdemütigung wird von ihm verlangt: „Küsse den Boden!“ Demütig gehorcht er.

Die Gläubigen sind gerührt, und mancher versteht in diesem Augenblick, daß die Demut das einzige Tor zur Wahrheit ist. Der Bischof heißt den Täufling sich erheben, läßt ihn das Ende seiner Stola in die Hand nehmen, zum Zeichen der Annahme an Kindesstatt und führt ihn, den er nun dem Satan entrissen hat, zum Altar des heiligen Ignatius.

Inzwischen hat sich Ratisbonne am Fuße des Altares vor dem Bischof niedergekniet, um das heilige Taufwasser zu empfangen. Man fragt ihn um seinen Namen. „Maria“, antwortet er.

Dann folgen die Fragen und Antworten, die heute in ihrer ganzen großen Bedeutung und ihrem Sinne allen Anwesenden klarwerden, vielleicht zum ersten Mal in ihrem Leben. „Was verlangst du?“ – „Die Taufe.“ – „Widersagst du dem Satan und seinen Werken?“ – „Ich widersage.“ – „Glaubst du?...“ – „Ich glaube.“ – „Willst du getauft werden?“ – „Ich will es.“

Das lebendige Wasser des ewigen Lebens fließt über die Stirn des Täuflings. Als Christ steht er auf, rein von aller Schuld, ein Kind Gottes und Bruder Christi, die brennende Kerze als Sinnbild der Gnade in den Händen. Seine Augen glänzen.

Nach der Taufe richtet Abbé Dupanloup, der spätere Bischof von Orléans, sein Wort an Alfons Maria von Ratisbonne und die Gläubigen. Ein wundervoller Hochgesang der Liebe an die Mutter der Barmherzigkeit, die durch ein Wunder ihrer Macht und Güte diesen Tag herbeigeführt hat, folgt im Anschluß: „Ich grüße Dich, o Maria! Du bist voll der Gnaden, und aus der Fülle deines mütterlichen Herzens gießest Du gerne über uns Gnaden aus! ..."

„O Maria, Du bist das Meisterwerk der Macht Gottes, der rührendste Gedanke seiner Güte! Du bist das süßeste Lächeln seiner Barmherzigkeit! O Gott, gib Augen denen, die keine haben, um Maria zu sehen und das milde Licht ihres mütterlichen Blickes zu fühlen. Gib ein Herz denen, die keines haben, um Maria zu lieben, denn von Maria zum ewigen Wort, von der Mutter zum Sohn ist nur ein Schritt."

Kein Auge bleibt trocken, und jeder fühlt heute das „Band der Liebe", das sie alle mit dem neuen Bruder und durch ihn mit dem Himmel verbindet. Das heilige Opfer, in welchem Christus unter ihnen weilt, ist wohl kaum irgendwann bei ihnen inniger gefeiert worden als in dieser Morgenstunde.

Es naht der Augenblick der heiligen Kommunion. Alfons Maria Ratisbonne wird von seinem Paten und P. Villefort zum heiligen Mahl geführt. Unbeschreiblich ist der Ausdruck der Ehrfurcht und Liebe auf seinem Gesicht. Nachdem er den Herrn empfangen hat, droht die Gnade ihn zu erdrücken, und er findet nur mit Hilfe seiner Begleiter die Kraft, sich zu erheben.

Das „Te Deum" braust durch die Kirche. Dann möchte jeder den neuen Bruder beglückwünschen, so daß dieser später in der Erinnerung an diesen Morgen niederschreibt: „Am 31. Januar waren es nicht mehr bloß einige, sondern eine ganze Menge Seelen, die mich sozusagen mit ihrer zärtlichen Liebe und Zuneigung umfingen. Wie sehr wünschte ich, sie zu kennen und ihnen zu danken. Möchten sie immerfort für mich beten, wie ich immer für sie bete."

Im Jesuitenkloster verbringt Ratisbonne stille Tage der Danksagung und der Glückseligkeit. Dann schlägt für ihn noch die glückliche Stunde, da er vom General der Jesuiten dem Heiligen Vater vorgestellt wird, und er sagt von diesem Ereignis: „Nie werde ich meine Angst und mein Herzklopfen vergessen, die ich beim Eintritt in den Vatikan empfand, beim Hindurchgehen durch so weite Höfe, durch so viele prachtvolle Säle, die zur päpstlichen Wohnung führen. Aber diese Angst verschwand und verwandelte sich in Staunen und Verwunderung, als ich ihn sah, so einfach, so demütig und väterlich. Er war nicht ein Fürst, sondern ein Vater, der mich mit außerordentlicher Güte wie einen vielgeliebten Sohn behandelte. – O Rom, welche Gnade habe ich in dir gefunden!"

Rückkehr nach Paris

Die Fastenzeit hat begonnen. In Rom erwacht der Frühling. Ratisbonne hat sich vollständig von der Welt zurückgezogen und einige Wochen in der Stille des Klosters unter Leitung P. Villeforts zugebracht. – Mit Sehnsucht erwartet ihn sein Bruder Theodor in Paris. Endlich erhält dieser die freudige Botschaft, daß Alfons Maria von Rom abreise und bald bei ihm sein werde.

Der Abschied von der Ewigen Stadt wird Ratisbonne schwer. Immer wieder sucht er seinen Gnadenort auf. Doch es muß sein! Zum letztenmal kniet er am gleichen Platz, wo die Gottesmutter ihn zum erstenmal in seinem Leben in die Knie zwang. Hier stand „sie" – heute ist der

Platz düster und leer, und doch ist ihm, als ziehe ein Wohlgeruch durch diese Kapelle.

Er schließt die Augen, um nochmals im Geiste das Bild jener zu sehen, die da so hold und majestätisch, so königlich und mütterlich zugleich ihn angelächelt hatte. Und er fühlt wieder ihre Nähe, ihre Liebe, ihr Wachen über ihm.

Es kommt die Stunde, da er seinen lieben Freunden die Hand zum Abschied drückt und sein Taufpate Baron von Bussières ihn zum letztenmal umarmt. Dann trägt ihn die Post durch die Straßen der Stadt dem Lande zu. Immer kleiner werden Türme und Zinnen und die Kuppel der St. Peterskirche. Bald umrauscht das Meer den Dampfer, auf dem Ratisbonne Italien verläßt.

Eine vornehme Familie aus Griechenland befindet sich unter der Reisegesellschaft. Man plaudert miteinander, und bald kommt das Gespräch auf jenes Ereignis, das die ganze Welt aufhorchen ließ, auf die wunderbare Bekehrung Ratisbonnes. Die Griechen fragen ihren Mitreisenden von Rom, ob er jenen Herrn auch gesehen habe und die näheren Umstände kenne. Unbeschreiblich ist der Eindruck, welchen Ratisbonnes Antwort auf sie macht: „Ich bin jener Jude." Sie wollten Paris aufsuchen, um die letzten Wintervergnügungen mitzumachen, statt dessen haben sie die Fastenpredigten eines berühmten Kanzelredners besucht.

In Paris angekommen, kennt Ratisbonne nur ein Verlangen, nämlich Notre-Dame des Victoires aufzusuchen. Jene Kirche inmitten der Weltstadt ist seine Friedensinsel, das Haus der Mutter. Dort erwartet ihn ein teurer Bruder und der hochverehrte Pfarrer Desgenettes. Vor dem Gnadenbild der Lieben Frau fühlt er sich wieder daheim. Im dämmrigen Halbdunkel der Kirche spürt er ihre Nähe und die sonderbare Gewißheit, ihr auserwähltes Werkzeug sein zu dürfen.

Bei ihr umarmen sich schweigend die Brüder, die jahrelang durch eine tiefe Kluft getrennt dahingelebt hatten. Stunden reinsten, ungetrübtesten Glückes folgen dem Wiedersehen. Der Vertraute der beiden Brüder, der heiligmäßige Pfarrer Desgenettes, ist wohl nicht weniger beglückt und voll tiefster Dankbarkeit gegen die barmherzige Mutter.

Paris, wo Ratisbonne früher als Weltmann das Leben genossen hatte, soll nun die Stätte werden, wo er ein gottgeweihtes, verinnerlichtes Leben führen will. Einen ersten Akt der Dankbarkeit gegen die allerseligste Jungfrau vollzieht er dadurch, daß er eine Kapelle zu Ehren ihres unbefleckten Herzens stiftet. Pfarrer Desgenettes besucht mit ihm sein Waisenhaus, wo die Schwestern 300 Kinder betreuen, aber noch keine eigene Kapelle besitzen. Rasch entschlossen verspricht ihnen der Neubekehrte eine solche. Am 1. Mai wird der Grundstein eingesegnet.

Wer ahnt an diesem Morgen, daß Alfons Maria selber nach einigen Jahren in dieser Kapelle das heilige Opfer darbringen wird? Und doch ist es so. Die Bekehrung Ratisbonnes ist tief und gründlich und hält an, nachdem der glückselige Zustand der ersten Zeit vorüber ist und der Alltag seine Prüfungen und Kreuze enthüllt.

Fünf Jahre später kniet er als Priester vor dem Bild der Unbefleckten und feiert am Altar das heilige Geheimnis. Ja, Gottes Wege sind nicht der Menschen Wege, und das übernatürliche Leben ist ein ganz anderes als das Leben dieser Welt. – „Wer es fassen kann, der fasse es!“

Die beiden Brüder Ratisbonne gründeten zusammen die Kongregation Unserer Lieben Frau vom Berge Sion. Heute ruht Alfons Maria in einem solchen Kloster in Jerusalem, wo er im Rufe der Heiligkeit steht und hoch verehrt wird.

Gebet des hl. Bernhard

Gedenke, o gütigste Jungfrau Maria, es ist noch nie gehört worden, daß jemand, der zu Dir seine Zuflucht nahm, Deinen Beistand anrief und um Deine Fürbitte flehte, von Dir verlassen worden ist.

Von diesem Vertrauen beseelt, nehme ich meine Zuflucht zu Dir, o Jungfrau der Jungfrauen, meine Mutter, zu Dir komme ich, vor Dir stehe ich als ein sündiger Mensch. O Mutter des ewigen Wortes, verschmähe nicht meine Worte, sondern höre sie gnädig an und erhöre mich. Amen.

* * *

V. Wunder in unseren Tagen

Der Siegeszug der Wunderbaren Medaille hört nicht auf, im Gegenteil, es scheint, daß er in Zeiten großen Elends erst recht überwältigend seinen Fortgang nimmt. Wir sind heute in der Lage, der neuen Auflage dieses Buches einige Beispiele aus neuester Zeit beizufügen. Eine noch größere Sammlung finden Sie in den zur Zeit 16 Heftchen mit dem Titel: „Erlebnisse mit der Wunderbaren Medaille heute" (Miriam-Verlag).

Maria hilft durch die Medaille in allen Nöten: in materiellen, bei Krankheiten, und vor allem und immer wieder den kranken Seelen und den Sterbenden. Jedoch möchten wir diesen Beispielen jene so wahren und edlen Worte einer greisen Dame aus Wien voranstellen, die selber in ihrem Leben ungefähr zwei Millionen Medaillen verschenkt hat. Diese Frau schreibt: „So oft geschieht es, daß nur ein Übermaß an Liebe eine Seele rettet, doch da gehört Opfermut dazu, und es ist nur in solchen Fällen möglich, wo man in einem Menschen den Heiland sieht und ihn dann mit ‚Liebe verfolgt', sonst geht es nicht."

Maria schützt in großer Gefahr

Ein Offizier erzählte, daß er seine Rettung der Wunderbaren Medaille verdanke. „Ich stand", so sagte er, „mit vier Herren an ganz exponierter Stelle. Die Kugeln pfiffen nur so um uns her. Da machte ich unwillkürlich zwei Schritte vorwärts, und dies war meine Rettung. Die anderen Offiziere fielen getroffen nieder, nur ich blieb wunderbar verschont." *Wien, Dezember 1943*

*

Es war im Januar 1945. Klagenfurts Sirenen heulten. Schon hörte man die ersten Bomben. Ihr Ziel war der Flughafen. Von der Fliegerkaserne eilten alle, die darin beschäftigt waren, dem nahen Walde zu oder stiegen in die Luftschutzkeller.

Ein junger Mann, schon auf dem Wege zur Flucht, kehrte nochmals um, weil er etwas Wichtiges vergessen hatte. In der Hand hielt er einen Brief von der Mutter. Zwei Wunderbare Medaillen waren darin, und sie bat ihn, dieselben mit Vertrauen zu tragen. Schon dröhnte es furchtbar von den herannahenden Fliegern. Ein Fräulein, welches auch in der Fliegerkaserne beschäftigt war, kam als letzte heraus. Der junge Mann drückte ihr eine der beiden Medaillen in die Hand. Fliehen konnten sie nicht mehr. Sie legten sich beide platt auf den Boden. Plötzlich krachte und donnerte es ringsum. Staubwolken umnachteten alles. Der Boden hob und senkte sich, als ob die ganze Erde bersten wollte.

Nach einigen schrecklichen Minuten war es wieder still, furchtbar still, nur das Jammern einzelner Opfer war zu hören. Die Bäume lagen durcheinander, in ihren Ästen hingen Teile von menschlichen Körpern. Der nahe Friedhof war aufgewühlt, der Flughafen vollständig zerstört. Und die beiden jungen Menschen? Kein Haar war ihnen gekrümmt worden. Mitten im Totenfeld standen sie gesund auf. Jene, die mächtig ist wie ein „geordnetes Schlachtheer", hatte sie beschützt.

*

Mit großer Dankbarkeit gegenüber Unserer Lieben Frau las ich heute den Bericht eines mir nahestehenden jungen

Mannes. Dieser hielt sich 1944 mit seiner Frau vorübergehend in der Stadt Freiburg i. Br. auf.

Eines Tages erlebten die beiden eine furchtbare Bombardierung. 700 amerikanische Flieger warfen ihre Bomben ab. Alles stürzte zusammen, als wäre der Jüngste Tag gekommen. Ringsum nichts als Funken und Splitter und Staubwolken. Und das Haus des jungen Paares? – Mitten im Bombenregen blieb es wunderbar bestehen. Vor Jahren schon hatten sie beim Tor die Wunderbare Medaille angebracht.

Nicht genug des Himmelsschutzes. Auf dem Bahnhof hatten meine Bekannten drei Wagen mit wertvollen Möbeln gelagert. Diese sollten auf ihr Landgut befördert werden. Der Bahnhof wurde ein Opfer des Bombenangriffes. Als aber die jungen Leute hineilten, fanden sie zu ihrem Erstaunen die drei Wagen völlig unbeschädigt, während sonst alles vernichtet war. Warum? Sie hatten in den Schubläden die Medaille versteckt. – Wenn Maria die irdischen Güter ihrer Kinder so mächtig in ihren Schutz nimmt, wie sollte sie nicht deren Leib und Gesundheit und erst recht die Seele in den größten Gefahren retten können?

*

Ein Herr erzählt ebenfalls vom wunderbaren Schutz durch die Medaille bei einer Bombardierung. Er stand zufällig beim offenen Fenster und legte die Medaille vor sich hin. Plötzlich wurden ohne Warnung ganz in der Nähe etwa 70 Bomben abgeworfen. Alles in der Umgebung stürzte zusammen, einzig der Teil des Hauses, wo sich die Medaille befand, blieb vollends verschont.

„Ich habe Ihre Schrift über die Wunderbare Medaille samt der Medaille an zwei Krankenlager gebracht. Und heute glaube ich fest, daß unsere liebe Mutter der Barmherzigkeit beiden Schwerkranken geholfen hat, und zwar zwei Freunden meines Gatten.

Der eine litt an schwerer Herzmuskel-Entzündung mit nachfolgender Lungen- und Nierenentzündung. Ohne Hoffnung wurde er ins Krankenhaus eingeliefert, und während der ersten Nacht erwartete seine Frau bei uns ganz ängstlich den erwarteten telefonischen Bericht. Aber die Nacht ging gut vorbei, und zum größten Erstaunen der Ärzte ging es sofort von Tag zu Tag ein wenig besser. Und jetzt geht es ihm wirklich ganz gut. Er und alle seine Angehörigen sind ganz glücklich darüber.

Ein zweiter Freund meines Gatten erlitt einen schweren Unfall bei der Arbeit. Die Folgen waren: Gehirnerschütterung und eine gebrochene Nase. Zum Erstaunen aller geht es ihm heute sehr gut. Die Narben sind wunderschön geheilt und verwachsen. Dieser Mann hatte aber ein großes Vertrauen zur lieben Mutter Gottes und hat Ihre Schrift mit größtem Interesse gelesen und ist Ihnen sehr dankbar dafür.“ *A. S.-G., St. Gallen*

*

Endlich bin ich in der Lage, Ihnen selber zu danken für die Wunderbare Medaille, welche Sie mir ins Viktoria-Krankenhaus brachten. Es war sicher eine Fügung Gottes, daß Sie von meiner schweren Krankheit erfahren mußten. Und ich bin fest überzeugt, daß mir die liebe Gottesmutter in den gefahrvollen Stunden mächtig beigestanden ist und mich nun meiner Familie wieder neu geschenkt hat.

Nach der ersten Operation erholte ich mich recht ordentlich. 14 Tage darauf wurde ich ein zweites Mal operiert. Eine Niere mit großer Nierengeschwulst und auch der Blinddarm wurden entfernt. Nur wenige glaubten, daß ich auch diese Operation überstehen würde. Wie gut hat's doch der liebe Gott mit mir gemeint! Als ich den ersten Spaziergang machen konnte, sagte mir die Operationsschwester: „Vergessen Sie nie, es ist ein Wunder, daß Sie noch am Leben sind." Nun bin ich wieder daheim und fühle mich täglich kräftiger. *L. R.-F., Bern*

*

Ein Kutscher lag im Sterben. Man legte ihm die Wunderbare Medaille in die Hand. Er öffnete die Augen, betete ein Ave Maria und schlief dann ein. Am Abend war er vollständig genesen. *L.P., Wien*

Maria führt zurück zum Frieden

Es war in Wien, 1943. Frau L. P. war stets besorgt, in ihrem großen Freundeskreis die Wunderbare Medaille bekanntzumachen oder heimlich wirken zu lassen. Ein älterer Mann, den sie gut kannte, war zu ihrem großen Leid ein erbitterter Feind der Kirche und schloß sich der Gottlosen-Bewegung an. Da half kein Reden, nur stilles Beten. Frau L. P. konnte heimlich eine Medaille in seine Kleider nähen lassen. Ihr Gebet begleitete täglich den erbitterten Kirchenfeind.

Plötzlich schlug auch für ihn die Stunde der Gnade, und sein ruheloses Herz wurde berührt von der zartesten und doch so sicheren Hand der erbarmungsvollsten Mutter. Er wußte nicht, wie es kam, bittere Reue erfaßte ihn, und seine Schritte lenkten ihn zur Kirche und zum Beichtstuhl, den er so viele Jahre nicht mehr betreten hatte. Eine Stunde später trat er glückselig hinaus. Das Wunder der Gnade war geschehen, er war gewaschen im Blute des Lammes und überströmte von seligem Frieden. Wahrhaft, die Welt kennt diesen Frieden nicht.

*

Dieselbe Frau L.P. erzählt auch folgende Begebenheit: „Eine alte Dame, die ich kannte, machte ihren Kindern große Sorgen. Sie hatte ein Leben ohne Glauben gelebt, ohne Hoffnung, wie ein schwarzer, gähnender Abgrund, den kein Sonnenstrahl aus dem Jenseits erhellte. Man bat sie, die Wunderbare Medaille anzunehmen. Spöttisch und hohnlachend wies sie dieselbe zurück.

Sie machte sich soeben zu einem Ausgang bereit. Auf der Stiege glitt sie aus und fiel so unglücklich, daß sie sich das Bein brach und in ein Sanatorium gebracht werden mußte. Maria versteht es weise und klug, ihre Kinder zu behandeln, die gefügigen voll Milde, die widerspenstigen streng, aber alle mit unsäglicher Mutterliebe. Die Weltdame fand Zeit zum Nachdenken über ihr verlorenes Leben. Sie nahm die Medaille, welche sie verspottet hatte, nun an.

Sie wurde nicht mehr gesund am Körper, wohl aber an der Seele. Vollkommen ausgesöhnt mit der Kirche starb sie eines friedlichen Todes, die Medaille der Unbefleckten in der Hand.

*

In einem Wiener Lazarett befanden sich zwei schwerverletzte Offiziere. Wie durch Zufall kamen sie in den Besitz der Wunderbaren Medaille. Es war im Dezember, dem Monat der Gottesmutter. Jahrzehntelang hatten diese Herren keinen Advent mehr gefeiert. Am 23. Dezember beichteten sie. An Weihnachten legte Maria durch die heilige Kommunion das lebendige Christkind in ihre Herzen. Überglücklich gestanden sie, nie in ihrem Leben ein solches Weihnachtsfest gefeiert zu haben.

Wien, Mai 1943

*

Von 1922 bis 1929 war ich in Hagen in der Isolierstation bei den schweren Typhus-, Scharlach- und Diphtheriekranken. Kinder und Erwachsene, die vielfach von Ärzten aufgegeben waren, wurden wieder gesund. Zwei der Scharlachkinder wurden nach der Heilung von der Mutter abgeholt. Diese sagte mir beim Abschied: „Schwester, helfen Sie mir doch beten, ich mache mir solche Sorgen wegen meines Mannes, er geht sonntags so wenig zur Kirche und ist bisweilen so aufgeregt, daß er mir alles entzweischlagen kann."

Ich gab ihr die Medaille und sagte: „Nähen Sie ihm diese Medaille einmal in seine Kleider ein. Er braucht es selbst nicht zu wissen, aber beten Sie mit den Kindern oft das Gebetchen: ‚O Maria, ohne Sünde empfangen ...' "

Nach geraumer Zeit kam sie wieder zu mir und sagte: „Schwester, es ist wunderbar. Mein Mann geht jetzt wieder jeden Sonntag zur Kirche und ist so auffallend ruhig geworden."

1946 war ein Fräulein aus Bruch bei Kreuznach hier in Hagen zu Besuch. Sie hatte schon fünf Jahre von zweien ihrer Brüder nichts mehr gehört und gesehen. Sie nahm bei der Rückfahrt einige Medaillen mit, trug selbst eine davon und hielt eine neuntägige Andacht. Nach deren Beendigung erhielt sie von beiden Brüdern Nachricht aus Brasilien.

Dann gab das Fräulein einer Bäuerin einige Medaillen. Diese hatte noch zwei Söhne im Felde, von denen sie lange keine Nachricht hatte. Auch diese trug die Medaille, verehrte die Mutter Gottes, und ganz überraschend kamen die Söhne nach drei Wochen zurück. Der Bauer selbst ging schon länger nicht mehr zur Kirche. Jetzt trägt auch er die Medaille und erfüllt wieder seine Pflichten als Christ.

Schwester M. Prudentia, Vinzentinerin
Hagen-Delstern, 17.11.1948

Maria rettet in letzter Stunde

Eine Krankenschwester aus Wien erzählte: „Im Krankenhaus lag eine krebskranke Frau im letzten Stadium der Krankheit. Sie wollte nichts von einem Priester wissen. Nach einer langen Leidensnacht voll Qualen und Schmerzen sprach sie plötzlich: ‚Noch heute will ich in meiner Seele Ordnung machen.' Als man sie nach der Ursache dieser Sinnesänderung fragte, zeigte sie lächelnd auf die Wunderbare Medaille, welche neben ihr lag."

*

Eine Krankenschwester berichtete: „In unserer Pfarrei lebte eine alte Frau mit schwerem Herzleiden. Sie wohnte bei ihrer Tochter, welche aus der Kirche ausgetreten war. Auch die Mutter entfernte sich nach und nach ganz von der Kirche. Ich besuchte sie, sooft es mir möglich war, wurde aber von der Tochter nur ungern gesehen. Voll Sorge übergab ich das große Anliegen Maria.

Eines Tages, als die Kranke wieder schwere Anfälle hatte, bat ich um Einlaß, weil ich gerade ein Medikament bei mir hatte. Ich verabreichte die Tropfen und hing der kranken Mutter schnell die Wunderbare Medaille um. Bebend und bangend fragte ich, ob der Besuch des Pfarrers ihr angenehm wäre. Zu meiner Überraschung antwortete sie: „Wenn er nur käme!“ Vorher hatte sie ihn doch abgewiesen. Jetzt trat die Tochter ein. Ich bettelte solange, bis sie erlaubte, daß der Pfarrer kommen dürfe. Aber nur in Zivil wollte sie ihn einlassen. Einerlei, Maria hatte gesiegt. Die Kranke empfing die hl. Sakramente.

Als der Priester am Morgen die heilige Kommunion brachte, war ich dabei. Ich habe noch nie einen solch rührenden Empfang des hl. Altarsakramentes miterlebt. Freudestrahlend streckte die Kranke ihre Arme der hl. Hostie entgegen und sprach: „So kommst Du doch zu mir, mein Heiland! Nun kann ich ruhig sterben.“ Und wirklich – nach wenigen Tagen ging sie friedlich heim.

Bericht aus Brasilien (1946)

In einem bisher völlig unbekannten Dorf, Urucania in Minas (Brasilien), spielt sich tagtäglich ein ganz merkwürdiges, nie dagewesenes Schauspiel ab. In jener Kirche thront die „Königin der Gnaden“, eine Statue der allerseligsten Jungfrau, wie sie auf der Wunderbaren Medaille geprägt ist. Wer hat dieses Bild auf den Hochaltar erhoben? Wer ist derjenige, der hier von der „Königin der Gnaden", wie er diese Madonna nennt, auserwählt wurde, um ihre Macht und Güte den Menschen kundzutun?

Es ist Pater Antonio Ribeiro Pinto, ein einfacher Priestergreis, der heute unter dem Namen Padre Antonio im ganzen Land und darüber hinaus bekannt ist. Einen zweiten Pfarrer von Ars scheint die Vorsehung dem kleinen Dorf Urucania geschenkt zu haben. Pater Antonio war stets ein eifriger, edler, von Liebe zur allerseligsten Jungfrau glühender Priester. Das bezeugt sein Bischof, der ihn lange genug beobachtet hatte. Immer aber blieb er verborgen bei seinen Pfarrkindern.

Seit dem Sommer 1947 ist Pater Antonio auf einmal ein glänzendes Werkzeug der „Königin der Gnaden" geworden. Es scheint, daß dort gerade auf die Zeit der Heiligsprechung von Katharina Labouré hin ein überaus großartiger Siegeszug der Wunderbaren Medaille eingesetzt hat.

Pater Antonio wird von allen Leidenden und Gebrechlichen, von Lahmen, Blinden und Tauben aufgesucht. Er verteilt unter sie die Medaille, segnet Wasser und heißt alle, ihre Medaille in dasselbe einzutauchen und davon zu trinken. Daraufhin geschehen tagtäglich Wunder über Wunder. Hört, was ein Augenzeuge, Pater Eduard Auth, M.S.F., Rio de Janeiro, darüber berichtet:

„Am frühen Morgen verrichtet P. Antonio sein Morgengebet und seine Betrachtung. Gegen 7 Uhr verläßt er seine Wohnung, um die heilige Messe zu feiern, und zwar im Freien vor der Kirchentür, um der Riesenmenge Gelegenheit zur Teilnahme zu geben. – Kaum erscheint er an der Türe, da strömt das Volk auf ihn zu, küßt ihm die Hände, zerrt ihn am Talar. Es wird ihm schwer, den Weg zum

Altar zu bahnen. – Es ist zum Staunen, mit welcher Sammlung und Frömmigkeit die Volksmenge den Zeremonien des frommen Priestergreises folgt ...

Dreimal täglich erscheint Pater Antonio am offenen Fenster, um die Pilger zu segnen. Vor jeder Segnung mahnt er die Volksmenge zum Gebet: ‚Betet innig und vertrauensvoll zur Mutter der göttlichen Gnaden. Haltet ihr zu Ehren eine neuntägige Andacht. Ruft ihren heiligen Namen an und fleht um ihren mütterlichen Schutz und Beistand! Empfanget das heilige Sakrament der Buße! Wer den Schutz und Segen Gottes und Mariens erlangen will, darf nicht ein Feind Gottes und der allerseligsten Jungfrau sein. Beichtet und empfanget die heilige Kommunion!‘ Einfache Worte eines einfachen Priesters! Und die Wirkung ist ein Wunder. Scharen eilen zu den Sakramenten, nicht nur in Urucania, auch in allen umliegenden Orten sind die Beichtstühle belagert.

Um 10 Uhr erscheint Pater Antonio zum ersten Segen. Er gibt einen Wink, und alles schweigt. Er betet einen Reueakt vor, dann drei Ave Maria mit der jeweiligen Anrufung: ‚O Maria, ohne Sünde empfangen, bitte für uns, die wir zu Dir unsere Zuflucht nehmen.‘ Darauf segnet er die Wunderbaren Medaillen, die verteilt werden oder auch mitgebracht wurden. Zuletzt segnet er das Wasser, das die Pilger mit sich brachten, denn in diesem Dorf ist nur ein einziger Brunnen. Alle tauchen ihre Medaille hinein und trinken davon. Zuletzt betet der Pater den kirchlichen Krankensegen. Nochmals erhebt er die zitternde Hand zum Kreuzeszeichen.

Die Segnung ist vorüber. Plötzlich ertönt ein Schrei: ‚Ich sehe, ich sehe!‘ Dort wirft ein Lahmer seine Krücken weg.

Ein taubstummes Kind sagt zum erstenmal ‚Mama'. – Tränen der Freude fließen, Jubel und Dank bewegen die Menschen. ‚Es lebe Maria! Vivat Maria!' ruft das Volk.

Die größten Wunder aber, die in Brasilien geschehen, sind die Bekehrungen, wie der Erzbischof von Mariana selber bezeugt: ‚Ich bestätige, daß folgendes das größte unter den Wundern ist, mit denen Gott unser gutes, tiefgläubiges Volk beschenken, segnen und belohnen will: Kommunionen, Beichten, aufrichtige Reuegesinnung, Rückkehr zu christlichen Sitten ... All dies zu Hunderttausenden während der letzten Monate.

Könnte es eine bessere Volksmission geben? Ist das nicht katholische Aktion? Welch lehrreiches Exempel für den Materialismus und den Nihilismus, die in das moderne Leben eingebrochen sind! Ich kann Ihnen mitteilen, daß meine Diözese in der Umgebung von Urucania 20 bis 30 Priester eingesetzt hat, die täglich fünf bis acht Stunden im Beichtstuhl zubringen ...'

Am 24. September 1947 hat P. Antonio auf Bitten vieler Personen hin durch das Radio seinen Segen erteilt, und bald darauf wurden viele Heilungen bekanntgegeben."

So hat die allerseligste Jungfrau wieder ein schwaches Werkzeug auserwählt, um ihre Macht und Güte den Menschen zu zeigen und die Worte, die sie von ihrer Medaille sprach: „Alle, die sie tragen, werden große Gnaden erlangen", zu bestätigen. Wahrhaft, wir leben im Zeitalter Mariens! Tausende wurden gerettet durch die Wunderbare Medaille der Unbefleckten. Wieviele Tausende werden diesen Glücklichen noch folgen?

Magnificat anima mea Dominum!

Maria gestern und heute

Wessen Herz wird nicht warm, wessen Geist nicht erhoben, wenn er den Triumph der barmherzigen Mutter über Krankheit, Tod, Sünde und Satan erkennt? Wohl reicht die menschliche Sprache nicht aus, ihre Großtaten würdig genug zu verkünden. Aber der Heilige Geist, der alles vermag, möge die stammelnden Worte beleben, daß sie wie Funken in die Seelen fallen, und sie entflammen zur Liebe und Hingabe, zum unbegrenzten Vertrauen.

Selig preisen wir Dich, Maria, mit allen Geschlechtern, wie Du es im Magnifikat vorausverkündet! Selig preisen wir Dich mit jenen, welche Du heimgeführt aus dieser Welt in den Himmel! Selig preisen wir Dich mit jenen und für jene, die Du am Rande des Abgrundes dem Satan entrissen! Selig preisen wir Dich mit deinen Kindern auf Erden, die Du auserwählt aus allen Sprachen und Nationen! Wir wissen, daß Du heute dieselbe barmherzige Mutter bist wie gestern. Wir wissen, daß deine Barmherzigkeit um so größer wird, je furchtbarer das Elend auf Erden ist. Und wir glauben, daß Du allein siegen wirst über das Reich der Finsternis. Wir möchten Dir immer neue Kinder zuführen, die Dich selig preisen und Dein Herz erfreuen. Heute, Mutter, neige Dich von neuem nieder auf unsere dunkle Welt! Rette die Armen, die Kinder, die Sünder! Vertreibe die alte Schlange, denn wo Du bist, da flieht sie. Hilf der Braut deines Sohnes, der heiligen Kirche zum Siege! Du hast ja den Sieg verheißen, wenn wir auf Dich vertrauen! Du wirst noch größere und zahlreichere Bekehrungen zustande bringen als bisher, denn der Triumph deiner Barmherzigkeit wird erst voll werden, wenn Du ganze Völker heimführst zum wahren Glauben, wenn die Massenkonversionen eintreten werden, dann, wenn alles verloren scheint!

Du wirst immer herrlicher triumphieren, wenn wir deine Wünsche erfüllen! Was verlangst Du? Was hast Du vor über hundertfünfzig Jahren verlangt von jenem armen Priester, als er der Verzweiflung nahe war? „Weihe deine Pfarrei dem unbefleckten Herzen Mariens!" ließest Du ihm sagen, und er erlebte den Triumph deiner Barmherzigkeit. Was willst Du heute? In Fatima hast Du es den Kindern gesagt für uns alle: „Ich werde kommen, damit man die Welt meinem Herzen weihe und die Sühnekommunion am ersten Samstag des Monats einführe." – „Die Menschen sollen sich bessern und um Verzeihung ihrer Sünden bitten."

O könnten wir doch deine Wünsche von allen erfüllt sehen! Die Welt würde ein Paradies der Liebe und des Friedens und Du könntest die Menschen alle als deine lieben Kinder glücklich machen. Aber sie wollen nicht, sie wissen nichts von Dir, unserer gütigsten Mutter. So hilf doch, daß wenigstens wir, die Dich kennen, deine Wünsche erfüllen, Dir gehorchen und deiner Barmherzigkeit keine Grenzen setzen. Und den anderen rufen wir zu, was unter einem alten Marienbild steht:

„Du, der du nimmer glaubst an sie,
Kalt vor dem Bilde stehst,
Und nimmer beugen willst dein Knie,
Sie hilft dir doch! – Wenn du nicht flehst,
So fleht dein Jammer, fleht dein Leid;
Das sieht sie, die gebenedeit,
Und hat Erbarmen auch mit dir!
Wenn du doch auch vertrautest ihr!"

So hört es doch, Ihr Millionen voll Jammer und Leid: „Sie hilft Dir doch und hat Erbarmen auch mit Dir!“

Was hat doch der Marienapostel Grignion von Montfort uns für trostvolle Verheißungen über das Reich Mariens gegeben: „Durch die seligste Jungfrau Maria kam Jesus Christus in die Welt, und durch sie auch will er über die Welt herrschen. Maria hat durch die Kraft des Heiligen Geistes das Größte hervorgebracht, was je war und je sein wird, nämlich den Gottmenschen, und folglich wird sie auch in den letzten Zeiten die größten Dinge bewirken. Durch Maria hat das Heil begonnen, durch Maria soll es seine Vollendung finden. Maria soll mehr als je in den letzten Zeiten leuchten durch Barmherzigkeit, Macht und Gnade: Durch Barmherzigkeit, um die armen Sünder zurückzuführen, durch Macht gegen die Gottesfeinde, durch Gnade, um die tapferen Kämpfer und treuen Diener Jesu Christi, die für die heilige Sache streiten werden, zu ermutigen und zu kräftigen.

O wann wird die glückliche Zeit kommen, in welcher Maria, die Gotterfüllte, die Herrin und Beherrscherin der Herzen sein wird, um dieselben dem Reiche ihres Sohnes zu unterwerfen? Bis dahin werden wunderbare Dinge sich zeigen! Wann wird diese glückliche Zeit, dieses Jahrhundert Mariens kommen, in welchem die Seelen sich in die Tiefen des Mutterherzens versenken und so ihre lebendigen Abbilder werden, um nur Jesus Christus zu lieben und zu verherrlichen! – Das Reich Mariens komme, damit Dein Reich zu uns komme, o Jesus!

* * *

Maria

Wenn ohne Trost dahin die Seelen schwinden
und Deines Sohnes mächtig Wort verwehrt,
so läßt Du unser zagendes Gebet und
unsere Schmerzen eine Heimat finden.

Du bist die Mutter auch der Scheu'n und Blinden,
die nie zu Dir und Deinem Sohn gefleht,
da durch Dein Herz das Schwert der Liebe geht,
so muß es Dich und Deinen Sohn empfinden.

In tiefer Not wirst Du sein Reich erbauen,
wenn sich Verlorene an die Mutter schmiegen,
dann ist des Sohnes Herrlichkeit nicht fern.

Die Blinden dürfen gläubig aufwärts schauen,
Du wirst das Herz, das Antlitz übersiegen,
und mit der Mutter finden wir den Herrn.

Reinhold Schneider

Novene
zu Ehren Unserer Lieben Frau
von der Wunderbaren Medaille

Vor der Betrachtung: Kreuzzeichen ... Reue über begangene Sünden erwecken; anschl. dreimal die Anrufung: *„O Maria, ohne Sünde empfangen, bitte für uns, die wir zu dir unsere Zuflucht nehmen!"*

Nach der Betrachtung: Drei Ave Maria, sowie dreimal die oben genannte Anrufung; abschl. das Schlußgebet (siehe Seite 155).

1. Tag: Erste Erscheinung

Betrachten wir die unbefleckte Jungfrau, wie sie zum erstenmal der hl. Katharina Labouré erschien. Die fromme Novizin wurde von ihrem Schutzengel geführt und der hl. Jungfrau vorgestellt. Erwägen wir ihre unaussprechliche Freude! Auch wir werden glücklich werden wie die hl. Katharina Labouré, wenn wir eifrig an unserer Heiligung arbeiten. Wir werden uns des Himmelsglückes erfreuen, wenn wir auf eitle irdische Freuden verzichten.

2. Tag: Die Tränen Mariens

Betrachten wir Maria, wie sie weint wegen der Drangsale, die über die Welt kommen werden, wegen der schweren Beleidigungen des Herzens Jesu, ihres Sohnes und infolge der Verachtung des Kreuzes sowie der Verfolgung ihrer geliebten Kinder auf Erden. Vertrauen wir auf das mitfühlende Mutterherz Mariens und wir werden auch teilhaben an der Frucht ihrer Tränen!

3. Tag: Maria, unser Schutz

Betrachten wir unsere unbefleckte Mutter, wie sie in ihrer Erscheinung zu Schwester Katharina spricht: „Ich selbst werde mit euch sein. Ich verliere euch nicht aus dem Auge und werde euch überreiche Gnaden vom Herzen Jesu, meines Sohnes, erbitten." Sei auch für mich, o unbefleckte Jungfrau, der Schild und die Hilfe in allen Nöten!

4. Tag: Zweite Erscheinung

Als Schwester Katharina am 27. November 1830 betete, erschien ihr die Jungfrau Maria in strahlender Schönheit, auf der Erdkugel stehend, den Kopf der höllischen Schlange zertretend. In dieser Erscheinung sieht man ihren Wunsch, uns allzeit vor dem höllischen Feind und Widersacher zu schützen. Rufen wir die unbefleckte Mutter mit Vertrauen und Liebe an!

5. Tag: Die Hände Mariens

Betrachten wir heute, wie von den Händen Mariens leuchtende Strahlen ausgehen. Sie sagte: „Diese Strahlen sind das Bild der Gnaden, die ich über jene ausgieße, die meine Medaille mit Vertrauen tragen." – Lassen wir uns so große Gnaden nicht entgehen! Flehen wir eifrig, demütig und beharrlich, und Maria, die unbefleckte Jungfrau, wird sie uns erbitten!

6. Tag: Dritte Erscheinung

Betrachten wir Maria, wie sie in strahlendem Lichtglanz Katharina erscheint, umgeben von zwölf Sternen und lächelnd voller Güte. Sie gibt den Auftrag, eine Medaille prägen zu lassen, und verspricht allen, die sie mit Liebe und Andacht tragen, viele Gnaden. – Tragen wir voll Vertrauen die Wunderbare Medaille (Zeichen und Bild Mariens), und die hl. Jungfrau wird uns wie ein Schild schützen in allen Gefahren unseres Lebens.

7. Tag: Maria, Anwalt und Zuflucht

O wunderbare Jungfrau, erhabene Königin, Herrin ohne Makel, sei mein Anwalt, meine Zuflucht, mein Hort auf dieser Erde, meine Festung, mein Schutz in Leben und Tod! Du bist meine Herzensfreude und mein Ruhm im Himmel! Steh mir bei in Prüfung und Versuchung und laß mich sicher gelangen zu Jesus, deinem göttlichen Sohn.

8. Tag: Maria, Mittlerin aller Gnaden

O unbefleckte Jungfrau, mach, daß die leuchtenden Strahlen, die von deinen jungfräulichen Händen ausgehen, meinen Verstand erhellen, damit ich das Gute besser erkenne und sie mein Herz beleben in Glaube, Hoffnung und Liebe.

9. Tag: Maria vor dem Kreuz ihres Sohnes

O unbefleckte Jungfrau und Gottesmutter Maria, bewirke, daß das Kreuz als Siegeszeichen auch in meinem Leben aufragt, indem ich mit dir und deinem göttlichen Sohn aufs innigste verbunden bin. Gib mir Gnade und

Kraft, mit dir vor dem Kreuz deines Sohnes zu stehen und auszuharren, bis meine Aufgabe auf Erden erfüllt ist.

Schlußgebet:

Heiligste Jungfrau, ich glaube an deine heilige und unbefleckte Empfängnis und bekenne sie. – O reinste Jungfrau Maria, durch deine unbefleckte Empfängnis und ruhmvolle Auserwählung, Mutter Gottes zu sein, erlange mir von deinem geliebten Sohn die wahre Demut, die reine Liebe, den treuen Gehorsam, die ganze, ungeteilte Hingabe an Gott! Erbitte mir die Gnade, in allen Lebenslagen den Willen Gottes zu erkennen und auch zu erfüllen. Denn nur so kann ich Gott ehren und seinen Namen preisen. Du aber, meine gütige Mutter, erbitte mir diese göttlichen Gnaden für Zeit und Ewigkeit. Dafür sei dir Lob und Dank in Ewigkeit. Amen.

* * *

LITERATURNACHWEIS

1. *Die Wunderbare Medaille*, J. M. Aladel, 1880

2. *Handbuch der Erzbruderschaft des heiligen und unbefleckten Herzens Mariens*, Dufriche Desgenettes, 1843

3. *Ausführlicher Bericht über die wunderbare Bekehrung des jungen Israeliten Alphons Ratisbonne*, deutsch herausgegeben von P. Laurenz Hecht, Einsiedeln, 1842

4. *Un siècle à Notre-Dame des Victoires*, Francois Veuillot, 1936

O Maria,
ohne Sünde empfangen,
bitte für uns,
die wir zu Dir
unsere Zuflucht
nehmen.

Weitere empfehlenswerte Schriften:

Erlebnisse mit der Wunderbaren Medaille heute

Karl Maria Harrer

Pfarrer Harrer hat in diesen Büchlein Tatsachenberichte über die Erfahrungen mit der „Wunderbaren Medaille“ aus alle Welt zusammengetragen. Man spürt aus jeder Zeile, daß die Gottesmutter wirklich hilft, wenn wir die Medaille mit Vertrauen tragen.

Heft: 1-16, je 32 Seiten, pro Heft: DM 1.80

Bruder Klaus – Der Beter im Ranft

Ida Lüthold-Minder

Durch Ida Lüthold-Minders lebendige Art zu schreiben ist dieses Buch keine trockene Heiligenbiografie, sondern ein in erzählerischer Form gehaltener, detaillierter Bericht über das Leben des hl. Bruder Klaus, über seine Kindheit, sein Familienleben, seine Schauungen, sein Leben im Ranft, bis hin zu seinem Tod. Wer mehr über das Leben des großen Heiligen erfahren möchte, sollte dieses Buch lesen. 144 Seiten, DM 14.80

Bruder Klaus – Wunder und Verehrung

Ida Lüthold-Minder

Beginnend mit einer Zusammenfassung über das Leben des Heiligen berichtet dieses Buch über das Wirken nach seinem Tode: die Erscheinungen des Heiligen, die Phänomene um das Grab, einzelne bezeugte, großartige Wunder. Sein außergewöhnliches Leben und seine mächtige Fürsprache macht diesen Heiligen aus der Schweiz lebendig und anziehend. 128 S., DM 10.80

Der hl. Ludwig Maria Grignion von Montfort *Ida Lüthold-Minder*

Eine aufschlußreiche Biographie von Grignion (1673-1716), dem großen „Marianischen Heiligen", der in Vorausschau auf unsere Zeit gewirkt hat. Seine unglaublichen Erfolge waren die Früchte seiner „vollkommenen Hingabe an Jesus durch Maria", die er im »Goldenen Buch« und im »Gnadengeheimnis Mariens« näher beschrieben hat. 176 Seiten, DM 12.80

Erleuchteter Laie –
Niklaus Wolf von Rippertschwand

Ida Lüthold-Minder

Noch heute fasziniert Niklaus Wolf viele Menschen. Der fromme Laie und Familienvater, der von 1756-1832 in der Schweiz lebte, zog schon damals die Menschen durch seine Einfachheit und tiefe Frömmigkeit an. Er lebte so sehr aus dem Glauben, daß er für viele Ratsuchende zum Helfer wurde. 224 Seiten, DM 24.80

Freut euch mit mir –
Ein Priester nach dem Herzen Gottes

Ida Lüthold-Minder

Eng mit dem hl. Bruder Klaus verbunden, wirkte der junge Priester Hans Amstalden segensreich in seinem kurzen, von Krankheit gezeichneten Leben. Er war ein heiligmäßiger Priester, dessen Größe in dem Lächeln lag, mit dem er sein schweres Leiden trug und viele Wunder an Seelen wirkte. Mit Anhang über Gebetserhörungen.

160 Seiten, DM 14.80

Bestelladresse: Miriam-Verlag • D-79798 Jestetten
Tel.: 0 77 45 / 92 98 30 Fax: 0 77 45 / 92 98 59